T0267831

CÓMO SER EL PROTAGONISTA DE TU BIENESTAR

7 LECCIONES INSPIRADORAS

SILVIO RAIJ

CÓMO SER EL PROTAGONISTA DE TU BIENESTAR

7 LECCIONES INSPIRADORAS

Incluye ejercicios prácticos para realizar en casa
y meditaciones guiadas

 PAIDÓS

Obra editada en colaboración con Editorial Planeta - Argentina

© 2024, Silvio Raij

© 2024, Editorial Paidós SAICF – Buenos Aires, Argentina

Derechos reservados

© 2024, Ediciones Culturales Paidós, S.A. de C.V.
Bajo el sello editorial PAIDÓS M.R.
Avenida Presidente Masarik núm. 111,
Piso 2, Polanco V Sección, Miguel Hidalgo
C.P. 11560, Ciudad de México
www.planetadelibros.com.mx
www.paidos.com.mx

Primera edición impresa en Argentina: febrero de 2024
ISBN: 978-950-12-0760-6

Primera edición impresa en México: mayo de 2024
ISBN: 978-607-569-716-1

Impreso en los talleres de Litográfica Ingramex, S.A. de C.V.
Centeno núm. 162-1, colonia Granjas Esmeralda, Ciudad de México
Impreso en México – *Printed in Mexico*

Índice

Lección 2

Tú eres un alma, no un cuerpo

Lección 3

Tú eres responsable de tu felicidad, no tu suerte

LECCIÓN 4
La paz es tu verdadera naturaleza; la ira, no

Lección 5
En el silencio, te reconoces. En el ruido, te pierdes

Lección 6
Tú eres amor. No necesitas buscarlo

Lección 7
La meditación es la mejor medicina: sana la mente y alivia el corazón

LA LECCIÓN OCULTA
Conecta con Dios. Él está disponible

INTRODUCCIÓN

Desde mi adolescencia, tengo el recuerdo de echarme en la arena de la playa que estaba frente a casa, durante largos períodos, contemplando el cielo y reflexionando sobre cuestiones existenciales como: «¿Quién soy yo?», «¿Para qué existo?», «¿Es posible ser feliz?», «¿Cómo puedo sentirme libre?», «¿Es posible experimentar el amor verdadero?», «¿Cómo puedo alcanzar la paz interior?». Con el tiempo, muchas de estas preguntas han tenido respuesta gracias a mi práctica de la meditación y al conocimiento adquirido a lo largo de más de veinte años en la India, España, Argentina y Uruguay. En 1999 tuve mi primer encuentro con la meditación, cuando me invitaron a participar en un retiro espiritual en la Universidad Espiritual Mundial Brahma Kumaris, ubicada entre las montañas del Himalaya. Durante veintiún días aprendí los conocimientos milenarios del raja yoga y empecé a dar mis primeros pasos en el arte de la meditación. Después entré en contacto con la filosofía de vida del *mindfulness*, que me enamoró. Veinticuatro años más tarde, la llama del fervor y el entusiasmo por el crecimiento interno y la práctica de la espiritualidad sigue viva en mí. Estas enseñanzas han tenido un impacto significativo en mi vida, en términos personales, familiares y laborales. He desarrollado una mayor autoconfianza, he cambiado muchos rasgos negativos de mi personalidad, he transformado viejos hábitos y patrones de comportamiento que me pesaban, he silenciado mi mente, y todo ello ha contribuido a un estado prolongado de paz y felicidad que experimento en la actualidad. Esto no implica que no experimente momentos de tristeza, miedo o enfado, pero ahora tengo la habilidad de aceptarlos y darles espacio más rápidamente que en el pasado. Aprender el arte de la meditación ha sido para mí como encontrar la piedra filosofal de mi madurez y desarrollo espiritual. Ha influido de manera muy favorable en cada uno de mis pensamientos, actitudes y palabras, y ha sido la principal inspiración detrás de las decisiones más importantes de mi vida.

¿Por qué este libro?

Desde mi último libro, *Guía práctica de mindfulness para niños*, que se lanzó en 2020, no he vuelto a escribir. Llegó la pandemia del Covid y decidí hacer una pausa para descansar, leer, aprender y experimentar cosas nuevas, y vaya si lo pude hacer ante una instancia tan distinta y única como fue la pandemia. Hoy, tiempo después de ese difícil acontecimiento, se despertó en mí un interés genuino por compartir con ustedes algunas de las enseñanzas que he recibido a lo largo de mi camino espiritual, que intenté resumir en siete lecciones.

Es mi deseo que a través de este libro puedas encender tu luz y ver con mayor claridad lo que hay en tu mundo interno. Observar si a lo largo del día tu estado ha permanecido estable o si has perdido tu centro. Si te has distraído con cosas sin importancia o has olvidado lo que le da sentido a tu vida. Si tienes tormentas de pensamientos inútiles o estás eligiendo lo que quieres pensar. Te deseo un buen viaje por estas páginas y ten en cuenta que todo lo que compartiré aquí es mi propia forma de ver las cosas y de ninguna manera pretende ser la verdad. Lo que te haga sentido lo tomas y lo que no, lo dejas. ¡Buena lectura!

¿Cómo usar este libro?

Al concluir cada capítulo, encontrarás unas preguntas diseñadas para que reflexiones sobre el contenido de lo que has leído. Además, te comparto preguntas y respuestas recopiladas principalmente a partir de las interacciones con mis alumnos y alumnas en los cursos que imparto en mi escuela.

También te brindaré una meditación guiada que te permitirá internalizar y experimentar profundamente el tema abordado en el capítulo. Te recomiendo que repitas estas meditaciones tantas veces como necesites para absorber y asimilar plenamente cada experiencia. Para completar tu aprendizaje, también te ofrezco/sugiero algunas prácticas que podrás incorporar en tu rutina diaria, que te ayudarán a integrar de manera efectiva cada concepto.

Audios de las meditaciones guiadas

Si deseas escuchar los audios de las meditaciones guiadas, puedes acceder a todas ellas escaneando el código QR que aparece a continuación.

En el caso de que no sepas cómo escanear un código QR, te dejo dos tutoriales:

1. Abre la cámara de tu teléfono Android o iPhone, o de tu tableta.
2. Apunta la cámara hacia el código QR impreso en el libro.
3. Cuando la cámara reconozca el código, aparecerá un cartel con una dirección, por ejemplo: <www.xxxx.com>.
4. Haz clic sobre esa dirección y te llevará a la meditación guiada.

Si el método anterior no te funciona, prueba con el siguiente:

1. Accede a Google Play en Android o Apple Store en iPhone y escribe en el buscador: QR.
2. Allí aparecerán muchas aplicaciones que leen código QR, así que descarga cualquiera de ellas.

3. Una vez instalada en tu teléfono, abres la aplicación y apuntas con la cámara hacia el código QR impreso en el libro. Aparecerá un cartel con una dirección, por ejemplo: <www.xxxx.com>.
4. Haces clic sobre esa dirección y te llevará a la meditación guiada.

Preguntas o consultas

Si deseas hacerme una pregunta o consultar alguna duda sobre el libro, con gusto la responderé en mi correo personal: <silvio@silvioraij.com>.

También puedes encontrar más información sobre nuestras actividades en la web de nuestra Escuela Sati: <www.escuelasati.uy>.

Puedes seguirnos en nuestras redes:

- Instagram: <www.instagram.com/escuelasati>
- Facebook: <www.facebook.com/escuelasati>
- YouTube: <www.youtube.com/espaciosati>
- LinkedIn: <www.linkedin.com/in/silvioraij>

¿Hacemos una pausa?

Antes de comenzar a escribir cada capítulo, suelo hacer una pausa para centrarme y ordenar mis ideas. Quizá sea una buena idea que tú también la hagas, antes de comenzar a leer.

Si tienes una computadora, una tableta o un teléfono cerca, te invito a que pongas de fondo la música que te comparto a continuación, para crear un clima mientras realizas el siguiente ejercicio. Para eso, escanea el siguiente código QR que te llevara a escuchar la música en Youtube, siguiendo las instrucciones de más arriba.

Meditación antes de comenzar

Mientras escuchas la música de fondo, busca sentarte en una postura cómoda y toma un par de respiraciones profundas. Siente cómo el cuerpo se relaja con cada nueva respiración. Permite que tu mirada se pierda en algún lugar de la habitación donde estás o en el paisaje que te rodea, o quizá quieras cerrar suavemente tus ojos y estar consciente de ti durante unos instantes. Solo permanece en tu propia compañía. Presta atención a tu inhalación y luego a tu exhalación. No necesitas hacer nada. Ninguna agenda que cumplir, ningún objetivo que alcanzar. A continuación, y si es posible para ti, crea un pensamiento elevado como «yo soy un ser de paz» y deja que este pensamiento permanezca unos instantes dentro de ti. No te frustres si no dura o si tu mente se distrae, es normal.

Si esto ocurre, con amabilidad, vuelve a pensar: «Yo soy un ser de paz» y quédate en silencio unos momentos más. No te apures. Nota si eres más consciente de ti. Tan solo obsérvate durante unos instantes, sin exigencias. Ahora deja que el pensamiento se aleje y nota la sensación de paz que puede haber quedado en tu interior. Observa si la mente está más callada o si sientes cierta quietud en tu corazón. Si es así, muy bien; si no sientes nada de esto, también está bien, a veces requiere práctica seguir este tipo de ejercicios. Solo permanece presente mientras escuchas la música de fondo. Y cuando estés listo, vuelve a traer tu atención al libro.

Lección 1

TU VIDA SOLO OCURRE AHORA. NO TE DISTRAIGAS

Algún día, para cada uno de nosotros, no habrá un mañana.
En ese momento, habremos probado, completamente y sin
ninguna duda, que todo lo que tenemos es el momento presente.
El truco es llegar a esa conclusión mucho antes de que tomemos
nuestro último aliento.

DEBBIE WOODBURY

En el año 2008 experimenté la alegría de volver a encontrarme con un compañero muy especial de mi infancia, llamado Carlos, durante una reunión con mis excompañeros de escuela, después de más de tres décadas sin vernos. Este reencuentro fue mágico, nos permitió rememorar juntos aquellos viejos tiempos que compartimos en la escuela y reírnos de nuestras travesuras y anécdotas. Sentí una gran emoción por fortalecer nuestros lazos de amistad y pudimos sellar nuestra conversación con un emotivo abrazo. Quedamos en volver a vernos en unas semanas para seguir compartiendo nuestras experiencias. Sin embargo, poco tiempo después, recibí una llamada con la triste noticia de que Carlos había fallecido en un evento trágico. El encuentro y su pérdida me recordaron la importancia de vivir en el presente, valorar cada instante de la vida y no esperar por un futuro ideal. El tiempo pasa rápido y todo cambia constantemente, por lo que debemos aprender a apreciar cada momento como lo único que es real. Esta idea no es nueva y ha sido practicada por diversas filosofías y religiones a lo largo de la historia. En la década de los ochenta, el médico estadounidense Jon Kabat-Zinn revivió esta sabiduría y creó un programa de reducción del estrés basado en las enseñanzas ancestrales del budismo y algunas prácticas zen, con el objetivo de ayudar a sus pacientes a bajar la ansiedad. Este programa, conocido por las siglas MBSR (*Mindfulness-Based Stress Reduction*), se ha expandido por todo el mundo y nos recuerda la importancia de vivir en el ahora como una herramienta muy útil y natural, para ganar mayor conciencia, mayor presencia y aliviar el dolor emocional. Por lo tanto, debemos prestar atención de manera intencional al momento presente, aceptarlo con apertura de corazón y vivir plenamente cada instante de la vida, sin preocuparnos demasiado por el futuro incierto. La práctica del *mindfulness* nos puede ayudar a transitar este camino y llevar una vida más plena y feliz.

1. Vivir más presente

Había una vez un sabio anciano que vivía en una pequeña cabaña en el bosque. La gente venía de lejos para hacerle preguntas y buscar su consejo. Un día, un joven llegó a la cabaña del anciano y le preguntó: «Maestro, ¿cuál es la clave de la felicidad?». El sabio le respondió: «La clave de la felicidad está en vivir en el momento presente». El joven frunció el ceño, sin entender del todo lo que el anciano quería decir y volvió a preguntar: «¿Cómo vivir en el momento presente puede hacerme feliz?». El anciano le dijo: «La mayoría de las personas pasan gran parte de sus vidas preocupándose por el pasado o pensando en el futuro. Pero el pasado ya pasó y el futuro aún no ha llegado. Solo el presente es real y lo único que efectivamente tenemos. Si aprendes a disfrutar y apreciar el momento presente, vivirás una vida plena y feliz». El joven reflexionó sobre las palabras del sabio y decidió poner su consejo en práctica. A partir de ese día, comenzó a prestar más atención a su entorno y a disfrutar de las pequeñas cosas de la vida. Se tomaba tiempo para saborear la comida, escuchar los sonidos del bosque y apreciar los momentos con sus amigos y seres queridos. Pronto, el joven se dio cuenta de que se sentía más feliz y satisfecho con su vida que nunca antes. Y así, aprendió que el secreto de la felicidad no estaba en perseguir cosas en el futuro, sino en vivir plenamente en el momento presente.

Vivimos en un mundo lleno de distracciones que nos alejan del presente y nos llevan a vivir en el pasado o el futuro. Sin embargo, es importante recordar que la vida solo ocurre ahora, en el momento presente. Cada instante es una oportunidad para vivir plenamente y experimentar todo lo que el mundo tiene para ofrecer. Cuando nos distraemos con preocupaciones innecesarias o pensamientos sobre lo que podría haber sido o lo que podría ser, nos perdemos momentos valiosos en nuestras vidas. Es una buena práctica concentrarnos en el aquí y ahora, en lo que está sucediendo en este momento, y disfrutarlo y vivirlo en su máxima expresión. Sergi Torres, un pensador español muy vigente, y uno de mis referentes favoritos en términos de *mindfulness*, dice que «no hay forma de vivir en otro momento que no sea ahora», ya que es el único tiempo con el que contamos. De acuerdo a este razonamiento, se podría decir que el pasado y el futuro no existen en la realidad, pero sí existen en el plano del pensamiento. Todo lo que pensamos, sentimos y experimentamos, incluyendo la experiencia de estar vivos, ocurre en el único momento disponible: «el presente». Dicho esto, de ninguna manera, el pasado y el futuro son los enemigos, no. Al contrario, podemos aprender mucho del pasado para no repetir errores, o proyectarnos al futuro para prever o ser cautelosos mientras avanzamos. Sin embargo, el exceso de pasado suele generar tristeza o depresión («Si eso no hubiera ocurrido, hoy las cosas serían diferentes», «Yo soy así porque de niño...»). Por otro lado, el exceso de futuro suele causarnos miedo, preocupación o ansiedad. («¿Y si tomo este camino y me equivoco?», «¿Y si acabo peor de lo que estoy?», «¿Y si no me sale bien?»). Lo importante es distinguir entre la realidad y lo que nosotros pensamos de la realidad. No deberíamos creerles demasiado a nuestros pensamientos, suelen estar influenciados por prejuicios, creencias o interpretaciones erróneas. El presente no es para pensarlo, es para vivirlo. Por eso, cuanto más nos involucramos en el pensar, más nos alejamos del ahora. Necesitamos conectar con el cuerpo o la respiración para vivir la verdadera dimensión del presente. La meditación y la atención plena son herramientas útiles para ayudarnos a centrarnos en el momento presente. A través de la práctica de la atención plena podemos aprender a educar nuestros pensamientos y emociones, y a estar más conscientes de lo que nos sucede. Aprovechar cada oportunidad para disfrutar de la vida al máximo. Apreciar la belleza del mundo y las personas que nos rodean. Nos perdernos momentos importantes de nuestra vida por estar distraídos con preocupaciones que no están en nuestras manos resolver. Recuerda que tu vida solo ocurre ahora, no te distraigas.

Respira, amigo, se te ha otorgado un aliento más.
La vida te regala este presente.
¡Despierta!
Sé consciente de la maravilla de este momento en el que estás
vivo.
Deja ir tus pensamientos por un instante
y siente el latido de tu corazón;
es la señal de que estás vivo.
Activa tus cinco sentidos que te conectan con lo que sucede
ahora, con tu existencia real.
¡Reflexiona!
No existes ni ayer ni mañana, solo hoy.
¿Lo sientes?

Sufrimos cuando nos preocupamos en exceso.
La ilusión radica en pensar que podemos resolver una situación
que aún no ha ocurrido, al darle demasiadas vueltas en nuestra
mente.
No nos damos cuenta de que el miedo solo reside en nuestros
pensamientos.
No tenemos el poder de solucionar lo que aún no ha sucedido;
por el contrario, consumimos nuestra energía en el intento.
Utiliza tu sabiduría para cambiar lo que ocurre en tu presente,
y automáticamente transformarás tu futuro.

Hoy no es un día cualquiera,
es tu oportunidad para sentir tu vida.
¿La sientes?
Abre los ojos y observa a tu alrededor.
¿Puedes apreciar el regalo?
¡Disfrútalo!

2. La falsa promesa del futuro

Desde pequeño aprendí que para alcanzar el bienestar en la vida necesitamos hacer u obtener ciertas cosas. Un profesor de secundaria solía decirnos: «Si quieres ser alguien en la vida, debes estudiar y trabajar duro». Aunque esta frase refleja una buena intención, detrás de ella subyace la idea errónea de que necesitamos «hacer algo» para «ser alguien». En realidad, antes de estudiar o trabajar, yo ya era alguien. Muchas personas comparten esta misma creencia y piensan que necesitan «sumar, arregla, lograr o completar» algo en sus vidas para sentirse bien. Sin embargo, esta búsqueda se basa en una actitud de carencia o escasez: «Como me falta algo, necesito completarme o arreglar algo para ser feliz». Puede tratarse de una pareja, una casa, cierto nivel económico, una profesión o determinado conocimiento. En mi adolescencia, por ejemplo, sentía que necesitaba encontrar a la persona destinada para mí, alguien que me llenaría de significado y con quien podría formar una familia y realizarme como padre. Soñaba con encontrar a mi media naranja, esa persona que me completaría y me haría conocer el amor verdadero. Pero, un día, uno de mis maestros me dijo algo que cambió mi perspectiva:

Mira, si quieres ser feliz, debes invertir en tu propia felicidad. Es como una cuenta bancaria. Si vas al banco a retirar dinero y nunca has hecho un depósito, no tendrás nada para retirar, ¿verdad?

Lo mismo ocurre con la felicidad. Debes invertir en dar felicidad y, como retorno, te sentirás feliz. Es una ley que siempre se cumple: lo que necesitas, solo tienes que darlo. Si quieres sentir paz, da paz. Si quieres sentir amor, da amor. Si quieres que te respeten, respeta tú primero. Si quieres dinero, da dinero.

Desde entonces, mi actitud frente a otras personas cambió. Comencé a dar lo que yo más necesitaba y me di cuenta de que en el momento de darlo, lo experimentaba yo mismo. Mi actitud cambio de ser un tomador a ser un donador de experiencias. Es decir que en vez de esperar que las personas me amaran —como solía hacer antes—, comencé yo primero a amarlas. En vez de esperar que las personas me respetaran, comencé yo primero por respetarlas. Algo tan sencillo como este cambio de actitud, cambió por completo mis relaciones. Ahora ya no dependía de los demás para sentirme bien, ahora ya no esperaba la felicidad como una suma de acciones o posesiones, ahora me sentía el protagonista de mis experiencias. La vida no va a llegar a nuestra puerta trayendo felicidad, no funciona así: nosotros debemos salir a la vida a compartir felicidad con un corazón generoso.

Desde esa realización, mi actitud frente a otras personas cambió. Comencé a dar lo que yo más necesitaba y me di cuenta de que en el momento de darlo, lo experimentaba yo mismo. Mi actitud cambio de ser un tomador a ser un donador de experiencias. Es decir que en vez de esperar que las personas me amaran —como solía hacer antes—, comencé yo primero a amarlas. En vez de esperar que las personas me respetaran, comencé yo primero por respetarlas. Algo tan sencillo como este cambio de actitud modificó por completo mi experiencia de felicidad. Ahora ya no dependía de los demás para sentirme bien, ahora ya no esperaba la felicidad como una suma de acciones o posesiones, ahora me sentía el protagonista de mis experiencias. La vida no va a llegar a tu puerta trayendo felicidad, no funciona así: tú debes salir a la vida a compartir felicidad con un corazón generoso.

3. Tu presente crea tu mañana

Hay un antiguo refrán que dice: «Lo que siembres, eso mismo cosecharás». De forma similar, la tercera ley de Newton o principio de acción y reacción dice: «Por cada fuerza que actúa sobre un cuerpo, este realiza una fuerza igual y opuesta sobre el cuerpo que la produjo». En buen romance, si siembras manzanas, no obtendrás peras, sino manzanas. Esto parece bastante obvio; no obstante, muchas veces nos olvidamos de este principio universal y nos sorprendemos cuando el fruto que obtenemos no es el esperado. Por ejemplo, si tú has estudiado para un examen y lo apruebas, es bastante obvio el resultado; lo que no sería tan esperable es que, sin estudiar, pretendas aprobar. Tampoco es tan obvio que pretendas que todos te respeten, cuando tú no respetas a todos. Sin embargo, mucha gente tiene este tipo de expectativas. Este mismo principio aparece innumerables veces en textos religiosos como la «ley del karma». La palabra «karma» significa, en sanscrito, «acción» y, a diferencia de la creencia popular, esta ley de causa y efecto no es un castigo, sino, exclusivamente, una reacción energética universal provocada por la energía que emanamos nosotros mismos. Lo que postula la filosofía del karma es que «en el presente estás viviendo las consecuencias de tus acciones pasadas, y en el futuro vivirás las consecuencias de tus acciones presentes, tanto positivas como negativas», o sea, lo que tú das, eso mismo te vuelve. Claro que la reacción no siempre es inmediata, de la misma manera que si siembras una semilla hoy, deberás esperar un tiempo para ver el fruto. **Cada acción que realizamos, cada palabra que pronunciamos, cada pensamiento que tenemos, todo tiene un efecto y regresa de vuelta a nosotros, en los momentos menos esperados.** Por ejemplo, si has ofendido a alguien en algún momento de tu vida y esa persona se ha sentido mal por eso, sufrirás un malestar similar en otra ocasión. O si has hecho feliz a alguien con tus acciones, recibirás felicidad en algún momento. Esta ley se encarga de equilibrar y ordenar, de forma natural, todas las interacciones que existen en el mundo, de una manera ecuánime y justa. Y, por sobre todas las cosas, nos da la increíble oportunidad de ser los creadores y protagonistas de nuestro destino. Es decir que en vez de confiarle nuestros sueños a la suerte, o al contexto en que nacimos, o a los padres que tuvimos, sabemos que con cada buena acción que realicemos ahora estaremos construyendo un buen mañana. Así que mi consejo es que te tomes un tiempo para pensar antes de actuar y te preguntes qué retorno deseas tener, qué tan feliz quieres vivir; solo en ese momento, habla, actúa. De esta manera, estarás eligiendo cómo quieres vivir la vida y esa es tu verdadera libertad.

KARMA

4. Tomar perspectiva

Tomar perspectiva es una actitud clave para vivir plenamente el presente. Es sano encarar la vida con cierta calma y esto se consigue poniendo distancia de las situaciones y de las personas con asiduidad.

A veces, vale la pena alejarse un poco para tomar perspectiva y distanciarse de forma temporal de las relaciones cercanas para decidir mejor, aclarar las ideas, los deseos, las emociones. Lograrlo no siempre es fácil, ya que la mayoría de nosotros estamos muy apegados a esa realidad llena de estímulos y presiones. Sin embargo, hacerlo puede ser muy beneficioso. El presente es el único momento en que tenemos la libertad de elegir cómo queremos actuar, pero una vez que este momento pasa, no podemos cambiar nada. Siempre, antes de actuar, hay un pensamiento que nos impulsa, así que es esencial elegir nuestros pensamientos cuidadosamente. Algunas personas poseen la habilidad de ver la imagen completa en lugar de enfocarse solo en una escena. Pueden tomar perspectiva de lo que sucede y anticipar las posibles consecuencias de sus acciones. Esto les permite comprender mejor lo que está pasando. Es como ir al cine y en vez de sentarte en la primera fila, te alejas unos metros. Sin duda, aprecies mejor la película.

Debemos ser conscientes de los tres aspectos del tiempo: pasado, presente y futuro. La forma en que respondemos a cada situación en el presente es lo que marca la diferencia y depende completamente de nuestro estado de conciencia.

Otras personas tienen una visión negativa de las situaciones, lo que las lleva a discrepar, enojarse o sufrir. Sin embargo, siempre podemos practicar una mirada más ecuánime, observando con interés lo que ocurre sin juzgar y decidiendo cuándo actuar. No por reacción, sino por elección. Las situaciones ocurren todo el tiempo, nos guste o no, y no podemos cambiar eso. Quejarnos no las modificará, pero sí podemos actuar con más conciencia en el presente y así cambiar el futuro. En definitiva, el secreto está en tomar distancia, ver la escena completa en el momento presente y decidir cuál es la mejor actitud a adoptar. Eso determinará la respuesta que vas a recibir.

¿Cómo llevar esta habilidad a la práctica? La próxima vez que te encuentres ante una situación difícil:

1. Haz una pausa.
2. Adopta una nueva perspectiva (también ayuda si tomas distancia a nivel físico).
3. Pregúntate: «¿Cuál es la mejor actitud que puedo adoptar frente a la situación?».
4. Elige como responder (incluso no hacer nada).

5. Los beneficios de vivir según las leyes universales

Confucio, el reconocido pensador chino, una vez dijo: «No hagas a otros lo que no quieras que te hagan a ti». Las personas no podemos escapar de las consecuencias de nuestras acciones, y sufriremos si nosotros mismos hemos creado las condiciones para ese sufrimiento. El no conocer o no creer en esta ley no es excusa, igualmente actúa, tal como la ley de gravedad. Todas las personas y las situaciones que están a nuestro alrededor son las consecuencias visibles de nuestras acciones pasadas (de esta vida o de otras), nada es casual. Si estamos en situación de carencia, es porque hemos tomado más de lo que nos correspondía y su efecto se manifiesta como escasez. En cambio, si estamos en una situación de abundancia, es porque hemos creado las condiciones necesarias para ese efecto. Es como el eco: lo que sea que dices te regresa. Entonces, sabiendo esto, lo que sea que queremos experimentar solo tenemos que darlo. Como decía antes, si queremos estar felices debemos compartir felicidad. Cuanta más felicidad compartimos, más se incrementa. Esto quiere decir que la felicidad no viene sola: es una creación nuestra;

nosotros hemos dado felicidad y ahora vemos su retorno. Somos los únicos responsables de nuestros éxitos, fracasos y de lo que sentimos. Las personas que viven la experiencia del amor lo hacen porque han entregado su amor y compasión a los demás, sin esperar nada a cambio; así reciben el amor de todos. Esta ley también nos ayuda a cultivar la paciencia, porque no todo llega cuando lo pedimos o lo necesitamos, o porque el destino o la suerte lo decida: cada cosa llega a su propio tiempo, debemos ser humildes y saber esperar y confiar. Si hemos dado lo mejor y con un buen corazón, tendremos el retorno de eso. Claro que las situaciones difíciles no van a desaparecer, continuarán viniendo, como olas en una playa. Las situaciones vienen y se van, y eso no lo podemos controlar. No se trata de evadirlas ni de enfrentarse a ellas; nuestra misión consiste en surfearlas. Nuestra felicidad tiene que ser más grande que cualquier ola o situación. Si damos respeto y amor a las ideas de otros, ellos nos darán su cooperación. Si toleramos a los demás, viviremos en el corazón de todos con amor.

6. Las cuentas kármicas

A veces nuestras preguntas parecen no tener respuesta ante las injusticias de la vida. Nos enojamos con otros, con la vida o con Dios ante situaciones incomprensibles. ¿Por qué tal persona nació con tal enfermedad? ¿Por qué alguien nace en un hogar pacífico y otros, en medio de una guerra? ¿Por qué tal persona nació con cierta discapacidad?, ¿qué culpa tiene? ¿Por qué la vida es tan injusta con alguien de buen corazón? ¿Por qué hay tanto sufrimiento?

La respuesta basada en la filosofía del karma es que nadie puede escapar de los resultados de sus acciones. Dependiendo del tipo de acciones que realicemos, sufrimos o disfrutamos los resultados, ya sea en esta vida o en otras. La ley del karma siempre se cumple, por lo que debemos actuar con responsabilidad.

Las acciones realizadas bajo la influencia de vicios, como el odio, la ira, la avaricia, el ego, la lujuria, los celos, etc., nos traen tristeza y sufrimiento. Por otro lado, si actuamos con una mente pacífica y un corazón limpio, el resultado estará lleno de amor, compasión y humildad. Esto nos traerá beneficios a nosotros mismos y a los demás.

Cuando interactuamos y nos relacionamos con otras personas, intercambiamos energía en forma de palabras y acciones. Si nuestras acciones o palabras generan una reacción en la otra persona, se crea una «cuenta kármica» entre nosotros. Por ejemplo, si has engañado, difamado o lastimado a otra persona y esta ha sufrido las consecuencias de tus acciones, habrás generado una cuenta kármica negativa con ella. Esto significa que has contraído una deuda que deberás pagar en algún momento. Si, por el contrario, la otra persona te ha causado sufrimiento, será ella quien te deba a ti. Es como si cada uno de nosotros tuviera una cuenta bancaria en el corazón, donde se generan créditos y débitos de acuerdo a la calidad de las acciones que realizamos. Estas cuentas quedan grabadas en la conciencia en la forma de un «sanskar» o impresión sutil, esperando a ser saldadas en un próximo encuentro con la otra persona, en esta o en otra vida. Si en algún momento futuro nos volvemos a encontrar y nos disculpamos por nuestros actos, la cuenta quedará saldada. De lo contrario, permanecerá en espera hasta que se salde.

Desde un punto de vista espiritual, estas cuentas kármicas son las que determinan todas las relaciones e interacciones en la vida. Todas las personas con las que tenemos algún tipo de contacto, como familiares, pareja, colegas o amigos, son con quienes tenemos la mayor cantidad de cuentas, que pueden ser positivas o negativas. Es por esta razón que estas personas están en nuestra vida, no es casualidad, es para saldar dichas cuentas. Por ejemplo, mi esposa puede haber sido alguien que encontré por casualidad o, posiblemente, tuvimos que encontrarnos y casarnos para saldar cuentas pendientes del pasado, seguramente de vidas anteriores. Adoptar esta perspectiva diferente en relación con los vínculos puede hacer toda la diferencia en la manera en que nos relacionamos con los eventos de la vida. ¿Te ha pasado tener una muy mala relación con alguien para la que no encuentras una explicación razonable? Nunca antes la habías visto, sin embargo, la detestas. O, por el contrario, sientes una gran afinidad con alguien y no sabes por qué. Estos pueden ser los efectos de las cuentas kármicas del pasado y sus consecuencias en tu presente. Cuando llevamos este conocimiento a la vida práctica, nuestra actitud cambia y en vez de reaccionar y enfadarnos o culparnos por las situaciones que nos toca vivir, sabemos que existe una posibilidad de que estemos saldando una vieja cuenta con alguien. Así, podemos ser más tolerantes y compasivos con ellos y tomar las cosas con más calma.

7. Todo lo que das te vuelve

La ley del karma puede ser vista como una forma de «justicia universal» que está por encima de cualquier autoridad o ley humana. Si hacemos algo malo, es probable que experimentemos algún tipo de sufrimiento o consecuencia negativa en algún momento de nuestra vida. Y si hacemos algo bueno, recibiremos alguna forma de recompensa o consecuencia positiva. Sin embargo, es importante tener en cuenta que esta ley no es una justificación para juzgar o condenar a las personas. En lugar de eso, es una oportunidad para ser más conscientes de nuestros pensamientos y palabras y actuar de manera más responsable, haciendo nuestro mejor esfuerzo para contribuir positivamente al mundo que nos rodea. Después de todo, ¿no es eso lo más importante? Mira, te voy a contar un secreto que para muchos es bastante obvio, pero para otros no tanto. Al menos para mí no lo era. **Si quieres que la vida te trate bien, el secreto es que tú trates bien a la vida.** ¿Esto qué significa? Que dejes de luchar contra la vida, que dejes de quejarte o de pedirle a la vida lo que es tu responsabilidad. Yo estoy convencido de que la vida nos devuelve todo lo que hemos dado, ya sea que alguien lo haya visto o no. Todo lo bueno que has hecho volverá a ti. Ese amor que entregaste, pero no fue valorado, la vez que ayudaste y nadie se enteró, el tiempo que dedicaste a alguien que no tuvo tiempo para ti, todo eso volverá multiplicado. La vida te recompensará por no haber dejado de creer, de soñar, de dar, por lo que hiciste para sanar, por lo que callaste para no lastimar y por todo lo que tuviste que llorar para poder soltar.

8. Historia sobre el karma

Esta es una historia relacionada con el karma que se comparte a menudo en las enseñanzas budistas.

Había una vez un hombre llamado Raj, que vivía en un pequeño pueblo en la India. Raj era conocido por su generosidad y su amor por ayudar a los demás. Siempre estaba dispuesto a prestar una mano amiga a aquellos que lo necesitaban, ya fuera brindando comida a los hambrientos o cuidando de los enfermos.

Un día, mientras caminaba por el mercado del pueblo, vio a un hombre hambriento y desaliñado sentado en un rincón. El hombre estaba tan débil que apenas podía moverse. Raj no dudó ni un momento y se acercó al hombre, le ofreció comida y agua, y lo cuidó hasta que se sintió mejor. Después de un tiempo, el hombre se recuperó por completo y agradeció a Raj por su generosidad.

Años más tarde, Raj se encontraba en una situación difícil. Había perdido su trabajo y estaba luchando por mantener a su familia. No tenía suficiente comida para alimentar a sus hijos y la desesperación lo estaba consumiendo. Entonces, un día, cuando caminaba por la calle en busca de ayuda, se encontró con un grupo de personas que estaban distribuyendo comida a los necesitados. Para su sorpresa, el líder de este grupo era el mismo hombre al que había ayudado años atrás.

El hombre sonrió al ver a Raj y le ofreció comida y apoyo. Raj, con lágrimas en los ojos, aceptó la ayuda con gratitud. Se dio cuenta de que su buen karma había regresado a él en su momento de necesidad gracias a su generosidad pasada.

Te invito a que reflexiones a partir de esta historia: ¿en qué medida crees que nuestras acciones y actitudes actuales pueden influir en nuestro futuro? ¿Crees que nuestras intenciones importan tanto como nuestras acciones?

¿Cómo podrías aplicar los conceptos de karma, perdón y transformación en tu propia vida y relaciones?

9. No des ni tomes sufrimiento

Si aceptamos la ley del karma como una posibilidad real y efectiva, es importante estar conscientes de que cada pensamiento, actitud, acción o palabra que expresamos puede generar felicidad o sufrimiento a las personas. Por lo tanto, es esencial no causar dolor a los demás, pero también es importante no permitir que otros nos causen sufrimiento. Es fácil caer en la negatividad de otros y dejar que sus problemas nos afecten, pero si dejamos que esto suceda, estaremos perjudicándonos a nosotros mismos. Es como si alguien tocara el timbre de tu casa y te preguntara si puede tirar toda su basura dentro de tu hogar. Seguramente, no lo permitirías. Del mismo modo, no podemos permitir que otros arrojen sus negatividades dentro de nuestra mente y corazón. A menos que seas un especialista, un terapeuta o un *coach*, y puedas ayudar a otros sin juzgarlos, no debes permitir que ninguna persona te haga sentir mal. Si alguien solo critica, habla mal de otros o se queja y tú te permites absorber todo eso, es como si estuvieras apilando basura en tu mente para luego lidiar con ella por tu cuenta. ¿Quieres hacer de tu mente un jardín o un basurero? Por lo tanto, debemos aprender a elegir lo que queremos consumir para nuestra mente y corazón, al igual que elegimos los alimentos que ingerimos para nuestro cuerpo. Debemos alimentar nuestra mente y corazón con pensamientos y emociones positivas para sentirnos bien y no permitir que otros nos afecten negativamente. **Mantener nuestra mente limpia y cuidada es fundamental para llevar una vida equilibrada y feliz.** Una de mis profesoras en la India decía, cada mañana, antes de salir de casa hacia el trabajo: «Tienes que desayunar para tu cuerpo y para tu mente. A tu cuerpo le das el alimento necesario para que tenga la energía suficiente para sobrellevar todas las situaciones que pueden surgir durante una jornada de trabajo, y a tu mente le regalas unos minutos de silencio o de meditación, para que pueda sostener y tolerar de manera saludable todos los desafíos emocionales que tiene una jornada de trabajo». ¡Sabio consejo!

10. Un superpoder: conocer los tres aspectos del tiempo

Imagina tener un superpoder y ver más allá del momento presente. Podrías prever las consecuencias de cada acción que realizas y actuar con más sabiduría en cada situación. Mis maestros lo llamaban la «visión trikaldarshi», es decir, conocer los tres aspectos del tiempo: pasado, presente y futuro. Se dice que quien aplica esta visión en la vida está despierto y, por lo tanto, es un participante activo de su realidad. Este estado de conciencia se consigue con la práctica profunda de la meditación y nos permite ser observadores objetivos de la realidad.

Es importante recordar que cada movimiento que haces o no haces cuenta. Cada pensamiento, palabra o acción positiva van a tu cuenta de crédito espiritual. Además, al dejar de culpar a otros por lo que te toca vivir o sentir, te liberas del resentimiento, la queja, la crítica y otras formas de sufrimiento. El universo es como una sala de espejos: cada acción es un reflejo de una acción anterior, cada sentimiento de amor es un reflejo del amor que le diste a alguien, cada sentimiento de tristeza es el dolor que le causaste a alguien más. Si bien no puedes cambiar el pasado, puedes elegir sembrar en cada instante lo que quieres vivir en tu futuro. Valora cada momento que tienes, ya que es único y no lo malgastes en algo sin sentido. Piénsalo bien. El tiempo es el mayor tesoro, aprovéchalo teniendo pensamientos poderosos y felices y llena tu alma de significado.

11. Vivir en sintonía según la ley del karma

Vivir en sintonía con la ley del karma implica estar consciente de cómo nuestras acciones influyen en nuestras vidas y en las de los demás. Como vimos anteriormente, el karma está presente en muchas tradiciones espirituales y nos dice que nuestras acciones tienen consecuencias, ya sea en este momento o en el futuro. Aquí te dejo algunas pautas para vivir de manera consciente, siguiendo la ley del karma:

- Practicar *mindfulness* te ayuda a estar presente en cada momento y a ser consciente de tus acciones y decisiones. Esto te permite tomar decisiones más conscientes y evitar actuar de manera impulsiva.
- Trata de realizar acciones positivas que beneficien a todos. Actuar desde un lugar de amabilidad, compasión y generosidad frecuentemente genera karma positivo. Evita dañar a otros de forma deliberada, ya que esas acciones pueden tener un efecto negativo en tu karma.
- Es importante que prestes atención a tus intenciones detrás de tus acciones. Las acciones que nacen de intenciones puras y positivas tienden a generar karma positivo. Por otro lado, si las intenciones son egoístas o dañinas, eso podría generar karma negativo.
- Asumir la responsabilidad de tus acciones y sus resultados es esencial. Si cometes errores o lastimas a alguien, debes tratar de arreglar la situación y aprender de ello para no repetir los mismos errores.
- El karma no solo se trata de retribución, sino también de aprendizaje y crecimiento personal. Tanto las experiencias positivas como las negativas brindan oportunidades para evolucionar como individuos y mejorar nuestras acciones en el futuro.
- Practica el desapego. Esto significa actuar sin estar demasiado aferrado a los resultados. Así evitas ser excesivamente afectado por las consecuencias y puedes actuar de manera más equilibrada.
- Encuentra un equilibrio entre tus propias necesidades y las de los demás. No descuides tu bienestar personal,

pero tampoco ignores las necesidades de los que te rodean.

- Trabaja constantemente en ti mismo, cultivando virtudes y cualidades positivas. A medida que te esfuerzas por ser una mejor persona, tu karma mejora.

12. Reflexiona sobre este capítulo

- ¿Qué acciones necesitas realizar hoy para tener el mañana que sueñas? Describe esas acciones.
- Siendo consciente de las consecuencias del karma, ¿cómo crees que está tu cuenta bancaria espiritual? ¿Qué acciones o palabras puedes cambiar para aumentar tu crédito?
- ¿Estas siendo protagonista de tu propio bienestar o permites que las expectativas externas determinen tu felicidad?

13. Preguntas y respuestas

Pregunta: Por una cuestión laboral, necesito establecer metas y ponerme objetivos para cumplir en el futuro. ¿Eso está mal? Según esta mirada, ¿cómo vivir en el presente y, aun así, perseguir tus sueños?

Respuesta: Establecer metas y objetivos para cumplir en el futuro no está mal en absoluto. De hecho, es una práctica común y beneficiosa en el ámbito laboral y en muchos otros aspectos de la vida. Establecer metas nos permite tener una dirección clara y un propósito, lo cual puede ser muy motivador y ayudarnos a lograr lo que deseamos. Vivir en el presente y establecer metas no son conceptos incompatibles. Podemos encontrar un equilibrio entre ellos apreciando el proceso. En lugar de centrarnos únicamente en los resultados finales, podemos apreciar el viaje hacia las metas y celebrar los logros y avances que alcanzamos en el camino. Si nos comprometemos plenamente en cada paso hacia la meta, aseguramos un futuro excepcional. Tenemos que disfrutar del aprendizaje y del crecimiento personal que experimentamos mientras perseguimos nuestros sueños.

Pregunta: ¿Existe alguna evidencia científica que respalde la existencia de las cuentas kármicas?

Respuesta: La existencia de las cuentas kármicas no puede ser medida o demostrada científicamente, ya que se trata de una creencia espiritual basada en las filosofías del hinduismo, el budismo y el jainismo. Sin embargo, muchas personas han experimentado en sus propias vidas situaciones que parecen estar relacionadas con sus acciones y palabras del pasado, lo que respalda la idea de que existe una relación entre nuestras acciones y sus consecuencias. Por lo tanto, es importante tener en cuenta que la creencia en el karma —como una fuerza sobrenatural que rige el universo— y las cuentas kármicas es una cuestión de fe y no está respaldada por la ciencia.

Pregunta: ¿Cómo se puede distinguir entre una cuenta kármica y una simple coincidencia o casualidad?

Respuesta: Desde una perspectiva espiritual, se cree que todo lo que nos ocurre en la vida tiene un propósito y una causa que puede estar relacionada con nuestro crecimiento espiritual. Por lo tanto, no hay una respuesta clara para distinguir entre una cuenta kármica y una simple coincidencia o casualidad, ya que ambas pueden ser vistas como parte de nuestro camino de vida. Sin embargo, se puede decir que las cuentas kármicas suelen manifestarse como patrones repetitivos en nuestras relaciones o situaciones que parecen tener una carga emocional fuerte o una sensación de familiaridad que no se puede explicar racionalmente. Por ejemplo, si tenemos una serie de relaciones en las que siempre terminamos siendo traicionados de alguna manera, podría ser una señal de que estamos saldando una cuenta kármica negativa con alguien a quien hemos traicionado en una vida anterior. Por otro lado, las casualidades o coincidencias pueden parecer más aleatorias y no tener una conexión emocional o personal tan fuerte. Por ejemplo, encontrarse con alguien inesperadamente en una tienda o en la calle y tener una conversación breve no necesariamente se consideraría una cuenta kármica, sino más bien una casualidad. Resumiendo, es difícil distinguir entre una cuenta kármica y una casualidad, pero las cuentas kármicas suelen estar asociadas con patrones repetitivos y emociones fuertes, mientras que las casualidades pueden parecer más aleatorias y no tener una conexión emocional tan fuerte.

Pregunta: ¿Cómo se puede probar la existencia de vidas anteriores?

Respuesta: La existencia de vidas anteriores no puede ser probada científicamente, pero esta idea está presente en muchas culturas y religiones en todo el mundo. Además, muchas personas han tenido experiencias o recuerdos que parecen indicar que han vivido antes en otro tiempo y lugar, lo que respalda la idea de la reencarnación. En algunas creencias espirituales se considera que la existencia humana no se limita solo al cuerpo físico, sino que también hay un componente espiritual que persiste más allá de la muerte física, al cual llamamos alma o espíritu. De acuerdo con esta perspectiva, después de la muerte del cuerpo físico, el alma puede reencarnar en otro cuerpo. Esta es una creencia basada en la fe y la intuición, pero para quienes creen en ella —como es mi caso— puede ser una fuente de consuelo y esperanza en el proceso de aceptar la muerte y el cambio. En mi vida he tenido experiencias en las que he sentido una conexión inexplicable con alguien, o he tenido conflictos con una persona que acababa de conocer. Creo que es posible que hayamos tenido vidas anteriores y que esto puede explicar las deudas kármicas que tenemos con algunas personas. Creo que si adoptamos esta perspectiva, podemos ser más conscientes de nuestras palabras y acciones, asumir responsabilidad por ellas y ser más tolerantes y compasivos con los demás en su proceso de aprendizaje y evolución espiritual.

Pregunta: Yo nací con una enfermedad que me invalida y, según esta ley, lo que padezco es la consecuencia de una acción pasada ¿Cómo se explica esto según la filosofía del karma y como liberarme de esta enfermedad?

Respuesta: Para comprender la complejidad de la ley del karma, es importante tener en cuenta que va más allá de lo físico y trasciende el tiempo y el espacio. Es posible que la enfermedad que padezcas hoy sea el resultado de acciones pasadas, quizás incluso de vidas anteriores. Sin embargo, es importante entender que el karma no se graba en el cuerpo, sino en la conciencia, el núcleo del ser. Las huellas negativas del pasado se mantienen en el ser y se cargan de vida en vida. Esta explicación no busca generar culpa, sino ofrecer la oportunidad de perdonarse a uno mismo por los errores del pasado y avanzar. La clave para liberarse de la enfermedad es construir un presente positivo, con coraje y determinación, lo que permitirá cimentar un futuro mejor.

Pregunta: ¿Cómo puedo utilizar esta ley para crecer y evolucionar como ser humano?

Respuesta: Para poder usar el karma en beneficio propio y avanzar en tu camino o tu realización personal, debes volverte responsable por tus palabras, pensamientos y acciones, y ser consciente de cómo estas te afectan a ti y a los demás. La clave para liberarse de la enfermedad es construir un presente positivo, con coraje y determinación, lo que permitirá cimentar un futuro mejor.

14. Meditación guiada | Presencia
(duración aproximada 30 minutos)*

Aquí te presento una meditación guiada de unos treinta minutos de duración, para experimentar el estado de presencia. La

---

* Puedes escuchar el audio de esta meditación y de las que siguen en el resto del libro escaneando el primer código QR que aparece más arriba.

práctica prolongada de meditación tiene un impacto significativo en el cerebro y abre la conciencia. Aunque meditar durante más tiempo puede resultar desafiante, transformará tu atención y autocontrol como un remedio amargo pero efectivo. Si la practicas de manera regular, mejora el enfoque, la memoria, el discernimiento, y reduce el estrés eliminando pensamientos confusos.

Para comenzar la práctica, te invito a que encuentres un lugar cómodo y tranquilo para meditar, con la intención de observarte, conocerte mejor y explorar tu mundo interior. Tómate el tiempo necesario.

Comienza adoptando una postura cómoda, en la cual puedas permanecer durante toda la práctica. Puedes sentarte sobre una silla o un almohadón, lo que te resulte más cómodo.

Vigila que la espalda esté recta y relajada al mismo tiempo. Deja que el pecho permanezca abierto y que los hombros estén bajos y sueltos. Deja que los brazos descansen cómodos a los lados del cuerpo y las manos se apoyen suavemente sobre las piernas. Tu mirada puede descansar en algún punto delante de ti que no te distraiga, o bien puedes elegir cerrar los ojos suavemente.

Ahora te invito a que descanses en las sensaciones del cuerpo. Es como un descansar en la presencia, lleno de atención y cuidado.

Cada vez que inhales y exhales conecta con el aquí y ahora e imagina que entregas el cuerpo a la tierra.

Ahora tómate unos instantes para crear una intención. Por ejemplo, te puedes proponer mantenerte presente durante toda la práctica.

Tómate unos momentos más para recorrer tu cuerpo y observar si necesitas hacer algún cambio, si necesitas soltar algún esfuerzo que estés haciendo para estar en comodidad.

Recuerda que si en algún momento de la práctica necesitas moverte, lo puedes hacer de forma consciente.

Ahora, si es posible para ti, te invito a que te vuelvas consciente de tu entorno.

Reconoce la atmósfera que te rodea. ¿Qué notas?

Regálale tu atención a los estímulos que lleguen —sonidos, voces, aromas o cualquier otro estímulo que aparezca— sin hacer distinciones o preferencias, atendiendo todo por igual, permitiendo que formen parte de la experiencia de este momento.

Ahora observa tu respiración.

Nota las sensaciones al respirar cuando el aire entra y sale de tu cuerpo.

Inhala y sé consciente de que inhalas. Exhala y sé consciente de que exhalas.

Ahora te invito a investigar cómo es tu respiración y en qué lugar de tu cuerpo la sientes con más claridad. ¿Es en tu nariz? ¿Es en el pecho? ¿En tu abdomen? ¿Dónde es? Date tiempo para sentir, sin ninguna prisa.

También es posible que no te des cuenta, y eso también está bien. Solo dirige la atención a la respiración y obsérvala.

Recuerda que no necesitas respirar más profundo ni cambiar tu respiración. «Así como es ahora, está bien».

Utiliza la respiración como un ancla al momento presente. Como una manera de estar presente con la experiencia directa. Momento a momento.

Ahora centra el foco de la atención en tu mundo interior, ese lugar íntimo donde habitan tus emociones y sentimientos.

Las emociones pueden ser muy sutiles, quizá las experimentes en el cuerpo. Observa cómo cambian, como si fueran olas en el océano de la atención.

Algunas emociones pueden ser tan atractivas que desees quedarte allí por mucho tiempo y otras te produzcan rechazo y te den ganas de escapar de ellas. La intención es observar desde la distancia, sentir sin aferrarte a nada de lo que surja, permitiéndote estar con lo que emerge en cada momento sin juzgar la experiencia, como un observador desapegado.

Si notas que te invade algún sentimiento o emoción que no te agrada, es normal.

Aprovecha para ser amable contigo y darle espacio a la emoción.

Deja que se exprese tal cual es, deja que sea así como es. No luches contra ella. Tú no eres esa energía emocional, tú eres el observador. Solo déjala estar y pasará.

Ahora, dirige tu atención con gentileza hacia tu espacio mental. Ese lugar dentro de tu cabeza donde ocurre tu actividad cerebral, donde viven tus pensamientos. Observa con curiosidad cómo fluye tu pensar en la mente.

Si notas que te distraes con algún pensamiento y tu mente se va hacia el pasado o el futuro, no te juzgues. La mente tiende a a distraerse, divagar e ir de forma inconsciente detrás de estímulos externos, a distraerse y divagar. Suele saltar de pensamiento en pensamiento como un mono que salta de rama en rama, generando ideas sobre las cosas que deseamos o que nos preocupan. A veces somos arrastrados por pensamientos que nos alejan del presente y muchas veces no nos damos cuenta de eso. Si esto ocurre, no te preocupes, con la práctica la mente irá aquietándose poco a poco.

Observa los objetos de tu mente desde cierta distancia, no necesitas involucrarte en el contenido de tus pensamientos, solo mirarlos pasar.

Cada vez que descubras que la mente se ha distraído y que ya no sigue a la respiración, con una actitud amable aprovecha la siguiente exhalación para soltar cualquier pensamiento que tengas y llevar la atención de vuelta a la respiración.

Puede ocurrir que por momentos te des cuenta de que tu mente está reviviendo situaciones del pasado, luchando por controlar cosas que ya no las puede cambiar o deseando que hubieran sido de otra manera. En otras ocasiones, puedes observar a tu mente proyectándose al futuro, planificando lo que vendrá o preocupándose por lo que aún no ha ocurrido. ¿Qué hacer en estas situaciones? La práctica consiste en darte cuenta de que la mente se ha distraído del objeto de atención y traerla de vuelta al presente, utilizando el ancla de la respiración.

Ahora vuelve a traer la atención al cuerpo y haz un recorrido lento y detallado, desde la cabeza hasta los pies, como si fueras escaneando cada una de sus partes.

Es normal que luego de estar sentados meditando durante un tiempo prolongado, algunas partes del cuerpo se tensen o se duerman, o incluso comiencen a incomodar. Si notas esto, de una forma consciente, corrige tu postura y suelta cualquier tensión corporal llevando allí tu respiración. Respirar con atención en una zona particular de tu cuerpo, funciona como un bálsamo que alivia y relaja.

Observa el fluir de la respiración y déjate mecer por su ritmo. Siente cómo una respiración sigue a la otra, como las olas del mar. Deja que los pensamientos, emociones, sonidos y sensaciones formen parte del paisaje de tu conciencia, integrando todo lo que pueda aparecer, permitiendo que todo exista sin elegir nada en particular. Dejando que todo cambie por sí solo mientras observas. Aceptando la realidad tal como es ahora.

Permanece en quietud y silencio durante unos minutos más. Permanece en tu propia compañía, sin otra intención que contemplarte.

Descansa en tu presencia.

Ahora puedes ir regresando con tu atención al lugar donde te encuentras.

Abre tus ojos, si los cerraste. Deja que tu cuerpo te indique lo que necesita: quizás algunos movimientos o estiramientos... También, te puedes regalar unos instantes más contigo para agradecer esta práctica o lo que quieras agradecer ahora. Guarda esta experiencia en tu corazón.

¿Cómo te sentiste? ¿Qué aprendiste sobre ti al realizar esta práctica?

Hacernos preguntas y reflexionar sobre nuestra experiencia luego de cada meditación nos permite volvernos más conscientes de lo que ocurrió y cómo nos sentimos.

De esta manera, podemos ir profundizando nuestra práctica y avanzar. Así que te invito a continuar meditando.

15. Práctica para casa | Prestar atención y actuar

Como práctica para casa te propongo entrenar la atención, es decir, ejercitar la mente y el músculo de la atención. ¿Cómo hacerlo?

Cuando sientas que estás distraído, cuando te notes acelerado o cuando quieras ejercitar tu atención, elige una tarea corta que tengas que hacer hoy, por ejemplo, escribir un correo electrónico, cepillarte los dientes, pasear tu mascota, etc. Durante esa tarea, practica centrar toda tu atención en lo que haces mientras lo haces, y cuando tu atención divague, regrésala suavemente a la tarea. Esta gimnasia mental te ayudara a estar presente en tus acciones y ganar mayor concentración.

Respecto a la ley del karma, si decides adoptar esta creencia y llevarla a tu vida diaria, te recomiendo que consideres que cada acción que tomes tiene sus propias consecuencias, ya sean positivas o negativas. Siguiendo esta línea de pensamiento, cosechamos lo que sembramos. Por lo tanto, antes de realizar cualquier acción, te sugiero que te tomes un momento para reflexionar. En lugar de apresurarte, date el tiempo necesario para pensar. Hazte la pregunta de qué tipo de resultado esperas obtener y cuánta felicidad deseas experimentar. Luego, basándote en esas consideraciones, toma tus decisiones y actúa.

Lección 2

TÚ ERES UN ALMA, NO UN CUERPO

Tú eres el alma, no eres el cuerpo. El alma, el conductor, está sentada en el cuerpo, el carruaje de cada uno de ustedes. El carruaje funciona con el poder del alma.

BapDada

Cada mañana cuando te miras en el espejo del baño, ¿qué ves? o ¿a quién ves? ¿Te lo has preguntado? Ese rostro que vemos reflejado en el espejo es solo nuestro cuerpo físico, no nuestra verdadera esencia. Para vernos realmente, debemos mirarnos desde dentro. La pregunta «¿Quién soy?» ha existido desde tiempos ancestrales, y no puede responderse de manera racional, sino a través de la intuición. Es la práctica profunda de la autoobservación y el autodescubrimiento la que nos guía hacia la conexión interior verdadera. Creo que no hay satisfacción más grande para el ser humano que conocerse tal como es. Aunque muchos de nosotros sentimos cierto temor de adentrarnos en el mundo de incertidumbres y sutilezas que implica la introspección, responder a esta pregunta esencial da vida y sentido a nuestro viaje de aprendizaje. Nos ayuda a descubrir nuestro «yo» auténtico, honesto y genuino, que nos brinda poder y valor. Entonces, ¿cómo te responderías a la pregunta «¿Quién eres tú?».

El escritor y guía espiritual Eckhart Tolle dice:

Si quieres experimentar quien eres, quédate inmóvil, mira, escucha, hazte presente, se consciente de que eres consciente, piensa «soy», sin añadir nada más. Sé consciente de la quietud que sigue al «soy», siente tu presencia, el ser desnudo, sin velos, sin vestiduras.

Permíteme compartir contigo una historia personal que tuvo un gran impacto en mi vida. Cuando tuve la oportunidad de estudiar en la sede de la Universidad Espiritual Mundial Brahma Kumaris en la India, recibí una cálida bienvenida con sonrisas y la frase «Om Shanti». Al principio, no entendí el significado detrás de esas dos palabras, pero más tarde me explicaron que «Om» significa «yo soy» y «Shanti» significa «paz». Juntas, estas palabras se traducen como «yo soy un ser de paz». Fue a través del conocimiento que recibí en esta escuela, raja yoga, que comencé a comprender la diferencia entre mi cuerpo físico y mi ser interior. Me di cuenta de que siempre me había definido a mí mismo por cosas externas como mi trabajo, mi familia y mi lugar de origen, pero esto no reflejaba mi verdadera identidad. Decir «Soy Silvio, nacido en Uruguay, perteneciente a una familia de clase media, instructor de meditación, etc.» no habla de quién soy realmente, sino de lo que hago y de mi situación actual. Comprendí que al basar nuestra identidad en cosas externas, corremos el riesgo de perder de vista nuestra verdadera esencia. No somos solo lo que hacemos, sino quienes damos vida a nuestras acciones. No somos únicamente lo que tenemos, sino los responsables de cuidar y administrar esas posesiones. Al comprender la diferencia entre mi cuerpo y mi ser, aprendí a conectarme con mi verdadero yo y a vivir de acuerdo con mis valores y propósitos internos.

1. Cómo responder a la pregunta: «¿Quién soy?»

«¿Quién soy?» es una de las preguntas más profundas y fundamentales que cualquier ser humano puede hacerse. La respuesta puede ser diferente para cada persona, ya que depende de su experiencia, su perspectiva y su comprensión de sí misma. Algunas filosofías espirituales, como el budismo, consideran que nuestra verdadera naturaleza espiritual es la conciencia o la mente, y que el cuerpo físico es solo una manifestación temporal y cambiante de esa conciencia. Por otro lado, en la mayoría de las religiones monoteístas, se considera que el ser humano está compuesto por un cuerpo físico y un alma o espíritu inmortal. Según estas creencias, el cuerpo físico es temporal y mortal, mientras que el alma o espíritu es eterno y sobrevive a la muerte física. En mi camino de búsqueda he tenido la oportunidad de conversar sobre este tema con maestros de varias ramas filosóficas y religiosas, y preguntarles si ellos se consideran simplemente cuerpos o si hay algo más allá de la forma física. La mayoría de las respuestas que he recibido apuntan a que somos un alma viviendo una experiencia física, aunque también hay quienes creen que somos una combinación de ambas cosas. Sin embargo, he notado que esta respuesta suele ser más intelectual que experiencial. Es cierto que existen muchas expresiones poéticas, canciones y escritos que hablan del alma como el centro de nuestros sentimientos, pero ¿quiénes somos realmente?

Yo también he reflexionado mucho sobre esta pregunta, y si bien el alma y el cuerpo son energías que están estrechamente relacionadas y trabajan juntas todo el tiempo, el cuerpo es una energía física y perecedera, mientras que el alma es una energía metafísica, imperecedera y consciente. Después de practicar la meditación durante varios años, he llegado a comprender y experimentar que soy un alma viviendo en mi cuerpo. **No hay un alma dentro de mí, sino que yo mismo soy el alma que habita mi cuerpo.** Es decir, mi estado original es incorporal: yo, el alma incorporal, he entrado en mi cuerpo; este cuerpo no ha entrado en el alma, sino que yo, el alma, he entrado en el cuerpo. Aunque esta idea puede ser difícil de aceptar en una sociedad que valora y se identifica mucho lo físico, la comprensión de que somos almas que viven en cuerpos cambia por completo nuestra percepción de nosotros mismos y de los demás. Esta comprensión nos invita a conectarnos con nuestra verdadera naturaleza y a encontrar un significado más profundo de nosotros mismos y de los demás. Es importante notar que vivimos la mayor parte del tiempo en una conciencia corporal, y es solo en un estado de conciencia espiritual que podemos comprender esto. Si aceptamos esta idea, deberíamos también aceptar que todos los seres humanos, incluyendo a nuestros familiares y amigos, son almas que habitan en sus cuerpos, aunque ellos mismos no lo sepan. ¿Imaginas cómo se transformarían nuestras relaciones si consideraras a los demás y a ti mismo como almas? Al verlos como almas, cambiaríamos la forma en que interactuamos con ellos, seríamos más tolerantes y compasivos, y encontraríamos una comprensión más profunda de su verdadera naturaleza.

2. Cuál es la forma del alma

En mi libro *Full Stop* (2014) escribo:

> Desde el punto de vista espiritual, se considera al alma como la energía consciente que le da vida al cuerpo, y en muchas religiones o filosofías se la ha descripto como una pequeña estrella de luz que habita detrás de la frente.

La palabra «alma» proviene del latín *anima*. Este término, junto con otros similares, hace referencia al «ser» y a la «energía viva y consciente de la vida». Mientras que nuestros cuerpos están formados por cinco elementos (agua, fuego, tierra, aire y éter), nuestra conciencia es inmaterial, energía intangible e invisible. Aunque nadie ha podido comprobar la naturaleza o forma del alma, podemos ver su manifestación a través de nuestros pensamientos, ideas, actitudes y comportamientos. El alma es un pequeño punto de luz consciente de sí mismo, una energía espiritual cuya naturaleza verdadera y eterna es pacífica y llena de amor. Se encuentra ubicada detrás de los ojos, a la altura del entrecejo, en una zona del cerebro llamada hipotálamo. Sentada en ese asiento, el alma puede controlar el sistema nervioso y, a través de él, diversos órganos del cuerpo. Así como un conductor controla un automóvil a través del volante mientras está sentado en el asiento del conductor, el alma usa el cerebro para controlar el cuerpo. El cerebro es la interface entre alma y el mundo físico. El alma experimenta placer, dolor, felicidad y tristeza a través del cerebro.

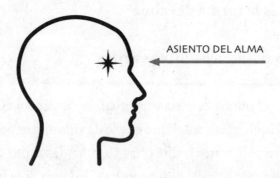

ASIENTO DEL ALMA

No existe autoridad más grande que la experiencia. Por eso, antes de continuar leyendo te invito a que hagas este sencillo ejercicio para percibirte como un alma sentada detrás de los ojos:

1. En un segundo, lleva la atención a tu frente.
2. Imagina que sentada detrás de tus ojos estás tú, el alma.
3. Ahora continúa leyendo desde esta nueva perspectiva.

Cuando somos conscientes de que somos almas y no cuerpos, rompemos el hábito de identificarnos exclusivamente con la forma o el rol del cuerpo. Así como nuestra verdadera identidad es espiritual, nuestra verdadera naturaleza también es «espiritual». Los atributos innatos del alma son la paz, el amor, la verdad, la felicidad y la pureza. Estos atributos siempre están presentes dentro de nosotros y son tan eternos como el alma. Sin embargo, perdemos la conciencia de su presencia interior cuando caemos bajo la ilusión de que: somos la forma física, lo que hacemos, lo que poseemos o el lugar del que venimos. Cuando nuestro sentido del yo se basa en cualquiera de estas cosas, vivimos siempre con miedo a perder lo que tenemos o con miedo a no poder seguir haciendo lo que hacemos. Es por esto que la identificación con nuestro cuerpo y todas las cosas materiales relacionadas con él son la raíz de todos nuestros miedos y, a su vez, la base de todas las formas de ansiedad y estrés. Al recordar la verdadera naturaleza espiritual del alma y sus atributos innatos, podemos liberarnos de estos miedos y encontrar una mayor paz y felicidad en nuestras vidas.

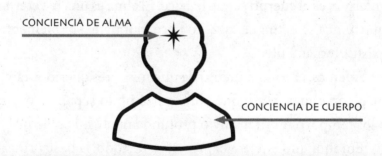

CONCIENCIA DE ALMA

CONCIENCIA DE CUERPO

3. Mi experiencia personal

Cuando experimenté la profunda verdad que se encuentra en el título de este capítulo, «Eres un alma, no un cuerpo», mi mundo cambio completamente. Descubrir que soy un alma fue una de las experiencias más asombrosas que jamás haya vivido. En realidad, al darme cuenta de esto, me pregunté si alguna vez habría llegado a comprender esta verdad por mí mismo. ¿Podría haber pasado desapercibida para mí, o incluso para cualquier otra persona? Sin duda, debe ser uno de los secretos mejor guardados de la existencia. A pesar de ser algo evidente, no lo es para la mayoría, ni lo era para mí.

Lo más sorprendente es que este conocimiento impactó en todos los aspectos de mi vida. Una de las primeras cosas que noté fue que tenía el poder de disipar todos mis miedos. Si lo piensas bien, todos los temores están relacionados con la conciencia del cuerpo: el miedo a la muerte, el miedo a la enfermedad, el miedo a envejecer y otros más. Al vivir desde la perspectiva de la conciencia del alma, comprendí que yo no muero, es solo el cuerpo el que lo hace. No envejezco ni enfermo, es el cuerpo el que lo hace. El alma es una luz eterna que nunca se extingue, que no nace ni muere: simplemente existe eternamente.

Además, el conocimiento de que mis seres queridos también son almas —aunque ellos quizá no lo sepan— y que ellos tampoco morirán alivió profundamente mi corazón.

Entendí que este era el principio de todo, la base principal de la conciencia y me reconocí eterno. Lo viví como una revelación que cambió mi vida. En ese momento, sentí que mi intuición ya me lo había estado diciendo, pero al mismo tiempo me recriminé por no haberme dado cuenta antes de algo tan obvio. Recuerdo que luego de participar del curso de raja yoga, mientras caminaba por la calle hacia mi casa, sentía como si mis pies no tocaran el suelo, como si estuviera flotando. Era una sensación de paz y felicidad absoluta, por haber encontrado la respuesta a tantas interrogantes espirituales. No podía creer que la respuesta fuera tan sencilla, pero lo era. Después, al iniciar mis prácticas de meditación, confirmé la verdad de mi descubrimiento. Mi profesor me indicó que me sentara cómodamente, tomara conciencia del presente y me considerara un alma, un punto de luz en el centro de mi frente. ¡Así de sencillo! En ese momento, todo cobró sentido y experimenté la sensación de ser un ser de luz flotando sin mi cuerpo. Fue una experiencia mágica que duró unos minutos y me dejó en paz conmigo mismo y con el universo. Desde entonces, he seguido explorando mi ser interior y descubriendo más sobre el poder del alma a través de la meditación.

Cuando practicamos la meditación de esta manera, podemos transformar la ilusión de que somos solo cuerpos y experimentar la conciencia de nosotros mismos como un alma, un pequeño punto de luz espiritual resplandeciente. Así, podemos conectar con nuestra verdadera esencia y recordar que nuestra existencia no se limita a nuestro cuerpo físico, sino que hay una dimensión espiritual que nos trasciende. Y cuando practicamos durante largos períodos (más de treinta o cuarenta minutos), surge una profunda paz interior y una satisfacción que no dependen de nada físico o de que algo pase en el exterior. Esto se conoce como el estado de la «conciencia de alma». A medida que nos hacemos más conscientes de nosotros mismos como espíritus, podemos experimentar la paz y la armonía interior, y ganar un mayor control sobre nuestros pensamientos, sentimientos, palabras y acciones, y nuestro deseo de paz mental se cumple desde adentro y no desde afuera. Fortalecemos nuestra conexión con el universo y con el flujo de la vida.

4. Cómo experimentar las cualidades del alma

Detente por un instante y obsérvate. ¿En qué conciencia estás en este momento? Si te has perdido nuevamente en la conciencia corporal, tranquilo, es normal. Te invito a que vuelvas a llevar tu atención al entrecejo y te consideres el alma. Verás la diferencia al continuar leyendo lo que sigue.

Las cualidades innatas del alma son paz, amor, verdad, felicidad y pureza, pero, por supuesto, no siempre las experimentamos en nuestra vida, porque estamos demasiado enfocados en lo externo. La fuerza de la identidad física ha hecho que perdamos contacto con nosotros mismos. Por ejemplo, si te sientas en silencio durante unos minutos notarás el tsunami de pensamientos que aparecen en tu mente. Pensamientos positivos, negativos, comunes, inútiles, puros. Como seres conscientes, tenemos la capacidad de elegir cómo queremos pensar y, en esta elección, todos podemos elegir tener pensamientos nobles, de beneficio, de agradecimiento, o quedar atrapados en pensamientos negativos. Entender que nosotros somos los creadores de nuestros propios pensamientos es una manera poderosa de tomar el control sobre ellos y cambiar la cualidad del pensar. Cada vez que creamos un pensamiento y lo repetimos una y otra vez, esto crea un sentimiento. Y aunque la situación externa cambie, ese sentimiento se queda

dentro de nosotros. Veamos un ejemplo. Imagina que quedamos en encontrarnos con alguien a una hora determinada y
esa persona no llega. Entonces comenzamos a pensar «qué
impuntual, qué irrespetuosa», y aunque la persona llegue con
el argumento perfecto que explique su retraso, el sentimiento
de la falta de respeto es tan fuerte que se pierde el respeto por
ella. Así, será difícil hablarle de una forma amable. Por supuesto la otra persona lo notará y la interacción se volverá tensa.
Es decir, la calidad de los pensamientos crea la calidad de los
sentimientos. Los pensamientos vienen y van, y se pueden
cambiar rápidamente, pero no ocurre lo mismo con los sentimientos, que permanecen más tiempo dentro de nosotros.
Así que, si deseas experimentar con mayor frecuencia estados
de paz, amor y felicidad, debes comenzar a reconocerte como
un alma, un ser espiritual, y estas cualidades emergerán naturalmente en tu vida.

5. Los diferentes niveles de conciencia

Nuestra conciencia original y natural debería ser la «conciencia de alma»; sin embargo, esta ha sido reemplazada
por la ilusión de que somos los cuerpos que ocupamos. Una
de las consecuencias de este error inconsciente es nuestra
obsesión por todo lo material, incluyendo nuestro propio
cuerpo físico y el de los demás. Vemos y medimos a las personas por su forma física y nos comparamos con la forma de
los demás. Medimos el éxito por la cantidad de cosas materiales que tenemos y solemos perdernos en el «hacer»

quitándole toda importancia al «ser». Todo es parte integral de la identificación con nuestra forma. De alguna manera, nuestra conciencia se durmió y quedamos atrapados en el estado de conciencia más bajo: la **«conciencia de cuerpo»**. No obstante, esto no implica que el cuerpo carezca de importancia; de hecho, es fundamental. Sin embargo, al identificamos exclusivamente con la materia, creamos el ego y la falsa identificación, y esto dio lugar a casi todas las formas de sufrimiento. Cuando las circunstancias externas u otras personas significan para nosotros más que nosotros mismos, perdemos el control sobre nuestras vidas y sentimos miedo, tristeza, ira y nos enfermamos a nivel emocional, mental y físico. En este estado, olvidamos nuestra divinidad y actuamos solo desde lo mundano. Por ejemplo, si eres un maestro de profesión y te identificas en exceso con tu rol, cuando tengas que jubilarte entrarás en crisis, ya que tú volviste a tu felicidad dependiente de tu hacer. Abrimos así una puerta a emociones que nos desestabilizan y nos vuelven esclavos de las circunstancias. Cuando conseguimos lo que esperábamos, nos sentimos bien, pero si las cosas no suceden como esperábamos, nos sentimos mal. La vida se nos escapa de las manos y dependemos de lo externo para ser felices. Nuestro humor fluctúa de acuerdo con lo que sucede alrededor. En cambio, desde la conciencia de alma, nos percibimos como seres eternos, inmortales, que no están atados a ninguna característica física, de género, cultura, apariencia, profesión, nacionalidad, familiar o clase social. Somos un alma, un punto de luz, un ser consciente pleno de cualidades que vive manifestándose a través del cuerpo. Tenemos la conciencia de que somos el alma, utilizando los órganos de los sentidos para relacionarnos con los demás, para percibir el mundo físico. Es el alma que ve la vida a través de los ojos, habla a través de la boca, oye a través de los oídos, percibe los aromas a través del olfato, siente el sabor a través de la boca; siente el calor y el frío a través de la piel. Es el alma, quien desempeña cada acción y cada movimiento a través del cuerpo físico. Cuando tenemos esta percepción, también aprendemos a respetar el cuerpo cuidando de él, como alguien cuidaría un templo sagrado.

CONCIENCIA DE CUERPO	CONCIENCIA DE ALMA
Cuerpo	Ser
Físico, tangible, visible	Metafísico, intangible, invisible
Materia perecedera	Energía eterna
Estado de debilidad	Estado de poder
Yo soy el cuerpo y dentro de mi hay un alma	Yo soy el alma que vive dentro del cuerpo

6. Mi gran cambio

El gran cambio que transformó mi vida fue posible gracias a mi comprensión, aceptación y experiencia de quien realmente soy. Al entender que no soy solo un cuerpo, sino un ser espiritual, mi percepción del mundo y de mí mismo cambió radicalmente. Al identificarme como un alma y no como un cuerpo, pude aceptar mi identidad espiritual como una verdad fundamental: soy un punto de luz consciente, metafísico e incorporal, cuyos elementos esenciales son la pureza, la paz, el amor, la felicidad y la verdad. Al visualizarme a mí mismo como un ser sutil, invisible e inmortal, me pude experimentar tal y como soy, sin limitaciones ni etiquetas. En este estado, me sentí liviano, luminoso y libre de ataduras, y la imagen que tenía de mí mismo cambió por completo. Además, al empezar a ver a los demás como almas, me di cuenta de que cada uno está en su propio viaje de descubrimiento y aprendizaje, en busca de su identidad y verdad. Esta perspectiva me permitió ser más amable y comprensivo con los demás y también conmigo mismo. Pensé: yo no soy únicamente la imagen que veo frente al espejo, soy un ser único, ilimitado y eterno, parte de la gran familia humana.

Lo mismo le ha ocurrido a la humanidad: ha perdido la memoria de su propia esencia y caído en una especie de amnesia colectiva. Esta pérdida de conexión con la esencia ha llevado a muchos de los problemas que enfrentamos como sociedad hoy en día.

Si cada uno de nosotros comenzara a ver como seres espirituales a su pareja, amigos, familiares e incluso a aquellos que nos desafían como seres espirituales, esto podría ser la semilla de una transformación profunda en nuestra vida y en la sociedad en general. Imagina cómo sería si viéramos a todos los demás como seres espirituales, cada uno con su propia luz y energía única. Esta perspectiva podría trascender las diferencias culturales, religiosas, raciales y nacionales, y permitirnos ver a todos los seres como hermanos y hermanas espirituales. En lugar de enfocarnos en las diferencias superficiales, podríamos hacerlo en las similitudes más profundas que compartimos como seres espirituales. Al adoptar esta perspectiva, la vieja e insuficiente identidad del ego cedería ante la verdad del ser espiritual. Esto podría llevar a una transformación profunda en nuestra vida y la de la sociedad en general. Si deseas poner tu granito de arena y convertir esta idea en algo práctico, aquí te propongo un breve ejercicio de meditación.

7. Meditación breve: experimentarte como un alma

Toma unas respiraciones y ubícate en el presente.
Lleva tu atención hacia el centro de tu frente, justo detrás de los ojos.
Imagina que allí vive una luz.
Y que esa luz eres tú.
Date cuenta de que tú no eres el cuerpo, ese es tu traje físico.
Piensa: yo soy esta luz, soy un alma, una luz consciente.
Mi naturaleza es la paz. Soy paz.

¿Cómo te sientes después de la práctica que acabas de hacer? La intención de esta breve meditación es llevarnos de la teoría a la práctica, aceptar intelectualmente que somos almas y experimentarnos como tal. ¿Lograste sentir esa conexión espiritual y experimentarte como un ser de luz? Si lo has sentido, muy bien; si no fue tu caso, no te frustres, es normal. Continúa practicando cada mañana y veras cómo poco a poco esta conciencia se vuelve parte de ti. El secreto es la regularidad y la constancia. Así que te deseo que cada día de tu vida sea una experiencia sublime y extraordinaria, que puedas percibir lo divino que hay en ti y en cada ser. Y que jamás olvides el origen espiritual de tu existencia.

8. Las facultades del alma

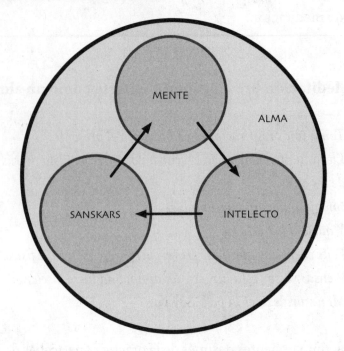

Así como el cuerpo usa sus cinco sentidos para expresarse e interactuar con el mundo, el alma tiene tres facultades principales: la mente, el intelecto y los sanskars. La diferencia está en que los órganos del cuerpo son visibles, mientras que los del alma son invisibles y sutiles. El alma se manifiesta a través de estas funciones cuando pensamos, intuimos, decidimos y recordamos.

La primera facultad es la mente. La mente es como un espacio interno y sutil donde creamos pensamientos, imaginamos, visualizamos y sentimos. Es donde tenemos conversaciones internas y en ella surgen pensamientos, como imágenes, ideas y deseos. También está conectada con nuestros sentimientos y emociones.

A menudo, se confunde la mente con el cerebro, pero el cerebro es físico y la mente no lo es. Aunque están estrechamente relacionados, no son lo mismo. Podemos decir que el cerebro pertenece al cuerpo, mientras que la mente está relacionada con nuestra conciencia o alma.

La segunda facultad es el intelecto. Es la parte de nuestra conciencia que evalúa y juzga lo que ocurre en la mente. Actúa como un filtro que nos ayuda a discernir entre lo correcto y lo incorrecto, lo verdadero y lo falso, lo beneficioso y lo perjudicial. Esta función nos permite comprender y tomar decisiones, y es la más importante de las tres. Un intelecto claro y amplio nos ayuda a comprender las cosas con mayor claridad y a tomar decisiones racionales. El intelecto es el que discrimina, juzga y ejerce su poder a través de nuestra voluntad.

La tercera facultad son las impresiones (llamadas «sanskars», en sánscrito). Son registros de todas nuestras acciones pasadas que quedan almacenados en nuestro subconsciente y forman la base de nuestra personalidad. Estas impresiones pueden ser positivas o negativas, como virtudes o defectos. Cada vez que el alma realiza una acción, se crea un registro que se guarda en el alma como una impresión, en forma de sanskar. Es como un archivo interno donde se almacenan todas las experiencias que vivimos en el presente y en vidas anteriores. Estas experiencias se acumulan y a menudo se convierten en tendencias, hábitos, creencias o rasgos de personalidad que influyen en nuestra forma de actuar.

Cómo interactúan la mente, el intelecto y los sanskars. Cada vez que nos disponemos a realizar una acción, generamos una serie de pensamientos en la mente. Algunos son conscientes y otros inconscientes. En ese momento, el intelecto actúa como un filtro que observa, evalúa y valora esos pensamientos, determinando si son verdaderos o falsos, correctos o incorrectos. Para llevar a cabo esta evaluación, el intelecto se apoya en el banco de impresiones, almacenado en el subconsciente. Como resultado de esta valoración, decidimos cómo actuar.

Aquí tienes un ejemplo cotidiano que ilustra cómo interactúan estas tres facultades. Imagina que estás tratando de decidir si debes hacer ejercicio por la mañana antes de ir al trabajo:

La mente. Por la mañana, cuando suena la alarma, tu mente podría generar emociones y pensamientos. Podrías sentir pereza y deseo de quedarte en la cama un poco más. Tu mente podría decirte: «Es muy temprano, cinco minutos más no harán daño». O podrías sentir motivación y emoción por la idea de hacer ejercicio, y tu mente podría decirte: «Hacer ejercicio por la mañana me hace sentir bien y lleno de energía».

El intelecto. Entra en acción para analizar la situación. Podrías pensar en los beneficios de hacer ejercicio por la mañana, como aumentar tu energía para el día y mejorar tu salud. También podrías considerar las posibles consecuencias de no hacer ejercicio, como sentirte cansado durante el día. Tu intelecto podría decirte: «Aunque cuesta levantarse temprano, el ejercicio matutino tiene más ventajas a largo plazo».

Los sanskars. también influyen en esta decisión. Si tienes una larga historia de hábitos saludables y ejercicio en tu vida, es probable que tengas sanskars positivos relacionados con el autocuidado y la actividad física. Estos sanskars te pueden inclinar a levantarte y hacer ejercicio. Por otro lado, si tienes una tendencia a la pereza matutina en tu historia de comportamiento, tus sanskars podrían impulsarte a quedarte en la cama.

En este ejemplo cotidiano, tu decisión de hacer ejercicio por la mañana dependerá de cómo estas tres facultades trabajen juntas. Si tu mente está motivada, tu intelecto respalda los beneficios y tus sanskars están alineados con hábitos saludables, es más probable que te levantes y hagas ejercicio. Si, por otro lado, tu mente está llena de pereza, tu intelecto no ve un gran beneficio y tus sanskars te inclinan a quedarte en la cama, es más probable que pospongas el ejercicio.

¿Por qué es importante comprender este proceso? Cuando el intelecto está fortalecido, es decir, cuando es consciente y puede discernir y juzgar con claridad y sabiduría, tiene la capacidad de influir en nuestra forma de pensar y, como resultado, en nuestras acciones. En muchas personas, el intelecto está débil, lo que lleva a la duda y la falta de autoconfianza, lo cual, a su vez, conduce a decisiones erróneas. Empoderar el intelecto equivale a fortalecer nuestra conciencia, que es fundamental para tomar decisiones conscientes. Un intelecto poderoso es esencial para estar presente.

La pregunta que surge, entonces, es: ¿cómo podemos fortalecer el intelecto? Y la respuesta: a través de la práctica de la meditación. Cuando meditamos, la mente se calma, el intelecto recibe poder y los viejos sanskars guardados en el alma se limpian. Este proceso recarga las energías del ser y rejuvenece todo el sistema interno. Nos devuelve el tesoro más preciado que existe: nuestra paz interior.

Mira dentro de ti,
mi querida alma,
permítete observar con atención.
Siente la energía consciente que eres,
una chispa de luz divina en acción.
Tu cuerpo es solo un vehículo presente,
un medio a través del cual tu alma se expresa.
No eres lo que imaginas, no eres lo que piensas,
eres una existencia singular y bella,
única en este plano terrenal.
Eres la luz, la paz y el silencio
que habla más allá de las palabras.
Tu hogar está en lo eterno, más allá del tiempo,
en el abrazo divino con el creador de todas las almas.

Aunque las tormentas puedan venir,
y el ego quiera gritar y resistir,
no olvides a quién perteneces,
eres hija de la luz eterna,
del océano de la paz.
Permítete brillar,
ser tú misma en todo momento
y recuerda siempre tu origen divino.
Comparte tus dones y talentos con el mundo sin miedo a lo
*   incierto.*
Confía en ti misma y en la fuerza que te impulsa,
porque nunca estás sola.
La vida te acompaña en cada paso del camino.

9. Reflexiona sobre este capítulo

- Ahora que has leído el capítulo, si te preguntara quién eres de verdad, un cuerpo o un alma, ¿qué me responderías?
- ¿Cómo crees que cambiaría tu vida si te consideraras un alma en vez de un cuerpo? ¿Qué cambiaría en tu relación con los demás?

10. Preguntas y respuestas

Pregunta: Puedo entender intelectualmente la diferencia entre un cuerpo y un alma, pero creo que me resultaría muy difícil mirarme al espejo y en vez de ver mi cuerpo, verme como una estrella de luz.

Respuesta: Es verdad que un cambio de conciencia de tal magnitud es muy difícil de lograr, así que no te frustres, es normal. Sin embargo, todo se logra con práctica y confianza. Si realmente quieres experimentarte como un alma separada del cuerpo, solo tienes que dedicarle un tiempo de práctica cada día. Además, no es necesario que te veas literalmente como una estrella de luz, basta con que lo imagines. Por ejemplo, cierra tus ojos ahora y haz de cuenta que estás mirando el cielo en una noche oscura. Ahora, imagina que tú eres como una de esas estrellas brillantes que ves. Prueba con esta sugerencia a ver cómo te resulta.

Pregunta: ¿Cómo puede ayudarme la conciencia de que soy el alma a resolver una situación difícil?

Respuesta: Tan pronto tengas que resolver una situación difícil con alguien, en vez de mirar hacia afuera para responder y quedar atrapado en pensamientos negativos, falsas interpretaciones o sentimientos desagradables —que es lo más usual—, prueba esta alternativa:

1. Elige dejar de mirar al otro y mírate solo a ti mismo.
2. Piensa «yo soy el alma» e intenta estabilizarte en esa conciencia.
3. Ahora mira al centro de la frente del otro, y date cuenta que también es un alma como tú, con sus necesidades, sus virtudes y sus miedos.
4. Ahora pregúntate, ¿qué podría hacer yo para resolver esta situación? ¿Cuál sería mi mejor actitud?
5. Luego actúa en consecuencia.

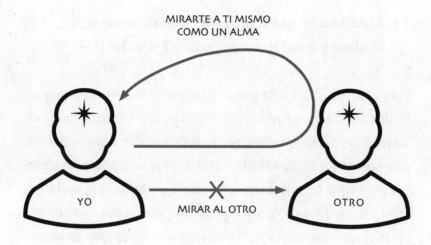

La clave para resolver esta situación radica en un enfoque diferente al que normalmente adoptamos. En lugar de juzgar al otro o esperar que cambie, debes comenzar por efectuar el cambio en ti mismo. Desde un estado de profunda conciencia, reconócete como un ser de paz y elige transformar tu reacción habitual. En lugar de permitir que los pensamientos negativos te dominen, opta por cultivar pensamientos positivos y nobles que te beneficien a ti y, al mismo tiempo, beneficien a la otra persona. Este cambio de perspectiva tendrá un impacto significativo en la situación y en tus relaciones.

Para culminar, envía buenos deseos a la otra persona. Este gesto generará vibraciones de paz que se reflejarán en tu mente y en tu corazón, irradiando felicidad y serenidad en tu vida.

11. Meditación guiada: Experimentarse como el alma (duración aproximada 20 minutos)*

Para comenzar con esta práctica, te invito a que encuentres un lugar cómodo y tranquilo para meditar, con la intención de establecer una conexión contigo mismo y poder experimentarte como un alma. Puedes elegir sentarte sobre una silla o un almohadón, lo que te resulte más cómodo. Vigila que la espalda esté recta y relajada al mismo tiempo. Deja que el pecho permanezca abierto, los hombros bajos y sueltos, y que los brazos descansen cómodos a los lados del cuerpo y las manos se apoyen suavemente sobre las piernas. Tu mirada puede descansar en algún punto delante de ti que no te distraiga, o bien puedes elegir cerrar los ojos suavemente.

Ahora imagina que tu mente es como una goma de borrar, con el poder de borrar todo aquello en lo que se enfoca. Lleva tu atención a tus pies y percibe cómo, al enfocarte en ellos, gradualmente van desapareciendo.

Toma un par de respiraciones profundas para permitir que la relajación se expanda por todo tu cuerpo. Ahora, amplia el área de tu atención hacia tus piernas, desde los tobillos hasta las rodillas y luego hacia los muslos. Se consciente de ambas piernas e imagina cómo se vuelven invisibles y se desvanecen por completo. Continúa ascendiendo con tu mente, ahora dirigiendo tu atención hacia la zona de la pelvis. Por detrás, enfócate en tus glúteos y deja que también se desvanezcan en la nada.

---

* Puedes escuchar el audio de esta meditación escaneando el primer código QR que aparece en el libro.

Luego, enfoca tu atención en la espalda y continúa avanzando por tu columna vertebral. A medida que te concentras en la parte posterior del cuerpo, siente cómo esa zona se vuelve más y más liviana y comienza a desaparecer. Ahora has llegado a la parte superior de tu espalda, donde están tus cervicales, tus omóplatos y hombros. Permite que se borren de tu percepción. Del mismo modo, dirige tu atención hacia tu abdomen y pecho, dejando que desaparezcan de tu experiencia consciente. Continúa ascendiendo hacia el cuello, la garganta y luego la nuca. Asciende ahora a las facciones de tu rostro: el mentón, las mejillas, la boca, los labios, la nariz y los ojos. Nota cómo cada parte de tu cara se desvanece, hasta que solo queda la sensación de tu propia presencia. Finalmente, lleva tu atención hacia la parte superior de tu cabeza, donde están tu cráneo y tu cerebro, y permite que también se disuelvan en la nada.

Ahora, todo tu cuerpo físico ha desaparecido, y en el centro de tu cabeza solo estas tú, «el ser». Tu forma es como la de una pequeña estrella consciente, una luz que brilla intensamente y le da vida a tu cuerpo. Siente la diferencia entre la luz que tú eres y tu cuerpo. Tu eres ese pequeño punto de energía viva, la esencia misma, el alma. Eres una energía eterna e invisible; eres paz, amor y verdad. Permítete experimentarte tal cual eres. Siente la sensación de libertad y felicidad.

Permanece en este estado el tiempo que desees, sumergiéndote en la tranquilidad y la claridad de tu ser interior. Vive la experiencia de paz al conectar con tu verdadera identidad y disfrútala plenamente.

Cuando estés preparado, imagina que tu mente se transforma en un lápiz sutil con el cual puedes volver a dibujar cada parte de tu cuerpo. Comienza trazando el contorno de tu cabeza, *permitiendo que se materialice junto con tu rostro. Continúa dibujando suavemente, trazando los detalles de tu pecho, hombros y espalda. Inhalas profundamente y con cada exhalación, dibujas tu columna vertebral. Repite este proceso mientras tus glúteos y zona pélvica vuelven a tomar forma. Observa cómo tus piernas se tornan visibles y dibuja nuevamente cada uno de tus pies. Ahora tu cuerpo ha recuperado su apariencia física, pero ahora sabes que eres mucho más que esa forma. Eres el ser consciente que reside en su interior, otorgándole vida y energía.*

Cuando te sientas listo para concluir, abre los ojos lentamente, llevando contigo esta sensación de paz y bienestar que has cultivado durante tu práctica meditativa.

¿Cómo te sentiste? En esta meditación utilizamos la metáfora de una goma de borrar que, a medida que avanzábamos, iba borrando distintas partes de nuestro cuerpo. Sin embargo, esta es solo una opción entre varias para conectar con la conciencia del alma. Mi punto aquí es que, si esta metáfora no encaja cómodamente contigo, tan solo siéntate a meditar y considérate un punto de luz ubicado detrás de tu frente. Esa alternativa también es perfectamente válida y efectiva.

12. Práctica para casa | Estabilizarse en la conciencia de alma

A continuación, te comparto algunos ejercicios prácticos para experimentar la conciencia de alma mientras realizas acciones en tu día a día.

Ejercicio 1

Cada vez que mencionas la palabra «yo», le abres la puerta a la arrogancia o a la conciencia de cuerpo. «Yo soy tal persona», «Yo dije esto», «Yo haré esto». Así que cuando vayas a decir la palabra «yo», practica traer a tu mente tu forma original y en vez de pensar en tu cuerpo, piensa: «Yo, el alma, dije esto», «Yo, el alma, haré esto...».

Ejercicio 2

Mientras caminas, imagina que tú eres el alma que está sentada dentro de tu cabeza, animando cada paso del cuerpo. Tu sala de comandos se encuentra detrás de tu frente, y desde ahí, manejas cada acción de tu cuerpo. Sentada en el entrecejo, tú, el alma, ves a través de los ojos del cuerpo y escuchas a través de los oídos, esas son tus ventanas. Eres el conductor del cuerpo.

Ejercicio 3

Siéntate a meditar durante algunos minutos e imagina que tú, el alma, estas sentada en el medio de tu frente, detrás de tus ojos. Tu forma es como una estrella de luz consciente. Eres la vida dentro del cuerpo. Eres quien piensa, siente, experimenta y actúa. Eres luz eterna.

Ejercicio 4

Mientras estés en una reunión o con un grupo de personas, imagina que todos son pequeñas estrellas de luz dando vida a sus cuerpos, viviendo dentro de sus cabezas. Son almas, pero no lo saben, y tú sí. Juega a mirar solo sus almas y no sus cuerpos. Nota cómo te sientes.

Lección 3

TÚ ERES RESPONSABLE DE TU FELICIDAD, NO TU SUERTE

La felicidad no es cuando obtienes algo, es cuando
la agitación del deseo de obtener algo ha cesado.

MIKE GEORGE

La felicidad es un concepto complejo que ha sido objeto de numerosas discusiones a lo largo de la historia. Sin embargo, en mi experiencia, la felicidad no es simplemente un estado de ánimo pasajero, sino más bien un estado de conciencia que surge de la conexión con nuestra esencia y de nuestra capacidad para amar y servir a los demás. La felicidad no se encuentra en las cosas externas, sino en nuestro interior. Cuando el alma está despierta, se siente libre y puede experimentar la felicidad en su estado más puro. La felicidad no es un destino, sino una experiencia que se vive en el presente. Es una virtud que se nutre de la aceptación, la valoración y el amor propio, así como de la capacidad de perdonar, soltar el pasado y vivir en el ahora. Para alcanzar la felicidad, es importante que estemos alineados con nuestro propósito, que nos sintamos seguros con nosotros mismos, libres para elegir y pertenecer a un entorno de apoyo y amor. La felicidad no es egoísta, sino que surge de la capacidad de servir y ayudar a los demás.

Dos amigos se reunieron para comer y antes uno de ellos pasó por el quiosco a comprar el diario. Saludó amablemente al vendedor, pero el quiosquero respondió con malos modales y le lanzó el diario de muy mala manera. El comprador, en cambio, sonrió con amabilidad y pausadamente le deseó que pasara un buen día, dándole las gracias por su servicio.

Ambos hombres continuaron el camino y cuando ya estaban lejos del quiosco, el amigo le dijo:

—Dime, ¿este hombre siempre te trata así?

—Sí, por desgracia —le respondió.

—¿Y tú siempre te muestras con él tan educado y amable?

—Sí, así es.

—¿Me quieres decir por qué tú eres tan amable con él, cuando él es tan antipático contigo?

—Es bien fácil. No quiero que sea él quien decida cómo me he de comportar yo.

Cómo queremos sentirnos en cada situación de la vida es siempre nuestra propia decisión. Sin embargo, es frecuente que alguna vez hayamos culpado a alguien más por nuestros sentimientos, diciendo algo así como «tú eres el culpable de cómo me siento» o «por tu culpa me siento así», ¿verdad?. Solemos sentirnos responsables del sufrimiento de otros, especialmente de seres queridos, y ellos a su vez pueden sentirse culpables cuando nos ven mal.

La verdad es que nadie tiene el poder de hacernos sentir mal si tenemos un espíritu fuerte, confiamos en nosotros mismos y hemos cultivado una buena autoestima. Si alguien consigue que te sientas mal por algo que te ha dicho, es porque de alguna manera has depositado tu bienestar en la opinión o aprobación de los demás. Y esto es un error, ya que nadie debería tener el poder de entrar en nuestro mundo emocional y crear un sentimiento determinado. Nuestro mundo interno es personal y privado. Tampoco tendríamos el derecho de entrar en la cabeza de los demás, si eso fuera posible, y mucho menos sin su consentimiento. He aquí una anécdota que ilustra lo que estoy compartiendo.

Hace un par de meses fui a almorzar con mi madre. Nos sentamos a conversar de manera amena, hasta que en un momento ella me hizo una pregunta que me incomodó. Yo reaccioné enojándome y recriminándole por hacerme sentir así. Lo que pudo haber sido una velada tranquila terminó de la peor manera.

Hoy, pasados los hechos, si analizo objetivamente la situación, el único responsable de mi enojo fui yo. Ella solo hizo una pregunta; el resto de la interpretación y la elección de reaccionar, enojarme y ponerme de mal humor fueron mías o, mejor dicho, de «mi ego», quien se sintió herido. Seguramente su pregunta removió algo en mí que aún no estaba resuelto, y por eso mi estado emocional. En realidad, la reacción nunca fue contra ella, sino contra mis propias inseguridades y expectativas. Es clave cultivar la autorresponsabilidad, que significa hacernos cargo no solo de nuestros comportamientos, sino también de aquello que pensamos y sentimos.

Te propongo este ejercicio. Tómate unos segundos para observar la figura y dime qué ves.

¿Ves una tormenta, un rollo de papel, el universo, una huella dactilar? ¿Qué ves?

Seguramente, cada persona perciba cosas diferentes, pero no puedes cambiar la forma en que los demás las ven. Solo tienes el poder de cambiar tu propia perspectiva. Y de la misma manera en que ves las cosas, así es como piensas, y el modo en que piensas es en lo que te conviertes. Por ejemplo, algunas personas perciben la vida como un problema que deben resolver, mientras que otras la consideran un obstáculo que deben superar o una prueba que deben enfrentar. Sin embargo, hay quienes la ven como una valiosa oportunidad o un regalo muy valioso. ¿Y tú como la ves? ¿Cuál es tu percepción de la vida? Porque, como mencioné anteriormente, tu forma de verla influirá en tus pensamientos y emociones.

Para realmente apreciar la vida como un regalo, es esencial cultivar la autorresponsabilidad. Esto implica asumir la responsabilidad de tu mirada y aceptar con paciencia, tolerancia y amabilidad que otros nunca verán la vida de la misma manera que tú. Todos somos individuos únicos y ahí radica la belleza de la diversidad. Si puedes abrazar esta idea, tu experiencia de vida será constantemente armoniosa y feliz. Sin embargo, aún queda por plantear una pregunta fundamental: ¿cómo te ves a ti mismo? Porque en esa percepción reside tu verdadera felicidad.

1. La manera en que te percibes influye en cómo te sientes

Una vez tuve la oportunidad de asistir a un taller dirigido por Yogesh Sharda, un profesor de Brahma Kumaris que reside en Turquía. Durante ese taller, él nos guio en un ejercicio que tenía como objetivo transformar nuestra mentalidad y permitir observarnos desde una perspectiva completamente nueva.

A continuación, lo comparto contigo para que puedas experimentarlo por ti mismo.

1. Cierra los ojos y visualízate haciendo algo grandioso e importante.
2. Nota cómo te sientes.
3. Vuelve a cerrar los ojos y visualízate haciendo algo importante y grandioso, pero ahora diez veces más grandioso.
4. Nota cómo te sientes.

Seguro notaste que algo cambió en cómo te sentiste, ¿te diste cuenta? Cuando piensas más allá de tus límites habituales, cuando los expandes e imaginas cosas que no creías posibles, la forma en que te ves a ti mismo cambia. Tu mente puede ser como un amigo que te ayuda o como un enemigo que te dificulta, dependiendo de cómo la uses. Si ves una situación difícil como algo negativo, tus pensamientos serán pesimistas y tus acciones seguirán esa dirección. Pero si ves esa situación difícil como una oportunidad para cambiar, mejorar o empezar de nuevo, tus pensamientos y acciones serán muy diferentes, y el resultado también será distinto.

No tienes el control sobre todo lo que ocurre en la vida, pero sí puedes elegir cómo responder ante ello. Imagina que estás frente a una tormenta: no puedes pararla o luchar contra ella, solo puedes protegerte y esperar a que pase. Entonces, la próxima vez que estés pasando por un momento complicado, detente un instante y deja de darle vueltas al problema. Hazte la pregunta: «¿Cómo puedo enfrentar esto de la mejor manera?». Imagina que eres como un espectador viendo lo que sucede. Acepta que no puedes cambiar todo, pero sí cómo interpretas lo que sucede. Por eso, mantén una actitud abierta y humilde, y aguarda a que la dificultad se calme. Después, con tranquilidad, decides qué hacer. Muchas veces es mejor observar y esperar. Las dificultades tienden a resolverse por sí solas con el tiempo.

2. La responsabilidad de ser feliz

Si te dijeran que todo lo que piensas se vuelve realidad, ¿qué pensamientos elegirías pensar hoy? Si compartes tus pensamientos de felicidad, tendrás un día muy feliz y posiblemente hagas felices a muchos a tu alrededor. Así como piensas, así es la vida que tienes.

Existe una relación estrecha entre los pensamientos y las emociones. Los pensamientos son nuestra primera expresión como seres humanos, son como la semilla generadora de todo lo que existe. Tu profesión, tu pareja, tus hijos, tu casa, tu auto, todo lo pensaste antes de crearlo, aunque no hayas sido plenamente consciente. El pensamiento es la energía más poderosa que existe y tan pronto piensas en algo o alguien, lo sientes en tu cuerpo o a nivel de tus emociones. Por ejemplo, si en este momento te pido que pienses en tu comida favorita, seguramente ya te sientes mejor y se te hace agua la boca. Algo tan sutil e invisible como un pensamiento tan pronto aparece en tu mente, al instante se materializa en tu boca en la forma de saliva, al mismo tiempo que sientes excitación y felicidad. Lo mismo ocurre si te pido que recuerdes una situación tensa de tu vida. Tan pronto aparezca esa escena en tu mente, te sentirás mal emocionalmente. Es casi automático e instantáneo. Y muchas veces su funcionamiento es tan rápido y sutil que ni siquiera te darás cuenta de que lo que estas sintiendo ha sido generado por ti mismo. Todo sucede fuera de nosotros hasta que lo pensamos. En ese momento, comienza a pasar dentro nuestro, como si lo importáramos. Así que no deberíamos entregarle el poder a lo que no lo tiene y permitir que solo lo bueno entre en nuestro corazón. Por ejemplo, si alguien dice o hace algo que no nos agrada, no deberíamos importarlo y dejarnos influenciar comprometiendo nuestro bienestar. Deberíamos tomar cierta distancia de la situación para evitar identificarnos y adoptar la mirada de un observador objetivo, es decir, de quien observa sin juzgar, viendo con apertura y comprensión.

Entonces, si queremos cultivar bienestar en la vida, tenemos que comenzar por cambiar la manera como pensamos sobre lo que ocurre. Dejando que nuestro pensar ocurra con calma y sin atropellos. Cuando nada nos apura, estamos presentes en cada cosa que hacemos y solo hacemos una cosa a la vez. Nos damos el tiempo suficiente para observar y pensar antes de reaccionar y al hacerlo, lo elegimos conscientemente y respondemos con serenidad. En este aspecto reside la verdadera libertad y las raíces de la autotransformación.

3. Nadie nos puede dañar

En cierta oportunidad, Marta, que vino a una sesión de coaching, me contó que su gran problema era que sufría mucho por la mala relación que mantenía con su esposo. La convivencia se había vuelto más difícil con el pasar del tiempo. Cuando le pregunté si lo había conversado con él, me dijo: «No, tengo miedo de decirle lo que siento, porque no quiero dañarlo».

El ego crea la falsa creencia de que nuestras palabras tienen el poder de causar daño emocional a los demás. La realidad es que, aunque nuestras palabras pueden ser contundentes o duras, si alguien se siente herido, esto depende más de la percepción del receptor que de la palabra en sí misma. Cada uno de nosotros es el responsable de los pensamientos que crea y de sus consecuencias emocionales. ¿Cómo alguien externo podría generar algo dentro de ti? Es imposible. Por ejemplo, si mi esposo, me dice que no me quiere, él no me está dañando, solo me está informando lo que siente. Si yo, como su pareja, me siento dañada, es que estoy eligiendo sufrir por causa de mis propios pensamientos negativos, tales como: «Con todo lo que yo lo quiero», «Qué injusto», «Todo lo que he hecho por él», «Qué ingrato». Cuando nos sentimos mal, solemos buscar a los culpables de nuestro malestar, sin darnos cuenta de que las emociones son nuestra propia creación, no aparecen de la nada ni nadie coloca esa emoción en nuestro corazón. La verdad es que no podemos dañar a otros, ni otros pueden dañarnos: siempre somos nosotros los responsables de lo que sentimos. Y si aceptamos este principio, seremos libres, porque, por un lado, nos liberamos de las culpas del pasado y, por otro, si no nos gusta cómo nos sentimos, podemos cambiarlo. Dejamos de otorgar a los otros el poder de nuestro bienestar o malestar, asumimos una actitud de protagonistas y tomamos las riendas de nuestra vida. Se preguntarán cómo terminó la historia de Marta. Bueno, ella entendió que no era la responsable de lo que su hijo sentía, pero que sí debía mantener una conversación con él. La siguiente semana concurrió a la sesión más aliviada. Conversaron y acordaron algunas reglas de convivencia. Ella me confesó que incluso él le agradeció que se lo dijera, porque no estaba enterado de la situación.

Resumiendo, mantener mi corazón limpio y abierto en estos tiempos requiere de un gran coraje. Para esto debo entender que nadie puede realmente herirme si no lo permito. Nada externo puede tocar mi ser interior si así lo decido. Me doy cuenta de que en la medida que creo expectativas del comportamiento que otro debiese tener, me expongo yo mismo a la decepción y la pena. Así que me libero y dejo ser. Perdono y me perdono.

4. La felicidad detrás de la máscara

En la Antigüedad, en el teatro romano los actores usaban máscaras de cera, que sostenían con palos, para representar los diferentes roles de la obra. Esas máscaras se llamaban «persona». De ahí proviene la palabra «personalidad». También la palabra «sincero» surge de la misma fuente y se refiere a «sin cera» o «sin máscara». Es muy difícil para las personas quitarse la máscara, seguramente porque, detrás de esta, no sabemos quién es el verdadero ser que la sostiene. Me gusta pensar que nuestra esencia como seres humanos es ilimitada, sin embargo, por alguna razón, hemos aprendido a circunscribir nuestra experiencia de vida a los parámetros limitados del ego o de una máscara. Es como si quisiéramos enmarcar la maravillosa experiencia de la existencia en un contenedor o espacio limitado. La conciencia egoísta o egocéntrica nos hace creer que somos los roles o papeles que desempeñamos, y no el actor que está por detrás. Esta conciencia limita nuestra mirada sobre los demás y sobre nosotros mismos. Es como si un actor, al terminar la obra de teatro, siguiera creyendo que es su personaje, pensara, por un momento, que él es su máscara y no quien la sostiene. Algunos autores dicen que el ego se alimenta del amor. Por eso, cuando nos sentimos carentes de afecto, solemos inventar alguna máscara que nos sirva para ganar el amor de los demás, para complacer a los otros, agradarles o lograr su aprobación. Así que hábilmente diseñamos una máscara especial para mostrarles a los demás, o a nosotros mismos, cuán maravillosos, amables, atractivos, divertidos y compasivos somos. ¿Te has preguntado cuál es tu máscara favorita?

Desde un punto de vista psicológico, el ego se asocia a la autoestima. Es decir, cuán dignos creemos que somos, en qué medida nos valoramos, o cómo nos vemos a nosotros mismos. Se dice que una persona con mucho ego tiene una autoestima débil e inconsistente y está sujeta a los caprichos de las circunstancias de la vida y a los juicios de los demás. Cuando el ego es muy frágil, la validación externa es la que construye la validación interna. Entonces, buscamos cambiar nuestras opiniones y comportamientos para obtener la aprobación de los demás. Esto se nota cuando las personas reaccionan con una actitud defensiva o se sienten atacadas, cuando carecen de autoconfianza para tomar decisiones o son de guardar rencores del pasado. A las personas con mucho ego les cuesta manejar el fracaso, buscan la perfección a través de la exigencia continua, no soportan la crítica o aprovechan cada oportunidad para impresionar a los demás, etc. El ego, o la máscara que nos creamos, necesita continuamente dar una buena imagen ante la sociedad, se alimenta de halagos, necesita tener el control de las situaciones y quiere tener el poder, porque en lo más profundo de su ser siente temor. El ego suele pensar «solo yo puedo hacer esto», «solo a mí me sale bien». Este tipo de pensamientos acaba con la humildad y pone una enorme carga sobre nosotros. El ego carece de humildad y cae muy a menudo en la actitud de soberbia. No obstante, el ego no es siempre el malo de la película, y a continuación te lo explico.

5. La vulnerabilidad nos hace humanos

El reconocido autor y profesor australiano Ken O'Donnell, dice en su último libro, *El carrusel del tiempo*: «No deberíamos odiar nuestro ego limitado que es responsable de separarnos de nuestro verdadero ser y de cada uno. Deberíamos abrazarlo y comprenderlo de manera que pueda representarnos mejor en nuestras vidas y en nuestras actividades. Después de todo, es nuestra propia creación, nuestro hijo. No deberíamos tratar de anularlo, sino de purificarlo. Podemos ver como se ha enredado en tantos apegos a personas y cosas. Una vez más, lo opuesto al apego no es el desapego o la renuncia. Es el amor puro».

Aunque el ego tiene ciertos aspectos negativos, también puede generarnos beneficios importantes para nuestra vida y bienestar. En particular, el ego juega un papel clave en la forma en que nos percibimos a nosotros mismos y nos relacionamos con el mundo que nos rodea. Como una identidad personal que hemos construido, nos ayuda a establecer nuestra singularidad y a desarrollarnos como individuos.

Además, el ego puede proporcionarnos una sensación saludable de autoestima, lo que nos motiva a establecer metas y enfrentar los desafíos de la vida con una actitud positiva y una mayor determinación. Si aprendemos a usarlo correctamente, sin aferrarnos o identificarnos en exceso, nos permite desarrollar confianza en nosotros mismos. Y la confianza es muy buena, pero demasiada confianza puede ser peligrosa. La pregunta es dónde está esa línea invisible de equilibrio entre el ego y la autoconfianza. Bueno, el respeto es un buen lugar por donde comenzar. Si respetas a otros y valoras sus ideas, estarías cultivando la humildad, equilibrando esa actitud egocéntrica. Para el famoso psicoanalista Sigmund Freud, el ego era la representación de la realidad y la razón; para el budismo, la fuente del sufrimiento. El reconocido escritor Eckhart Tolle nos explica que a menudo vivimos apegados en exceso a nuestros pensamientos, a nuestras necesidades y a los códigos heredados de nuestra familia y sociedad, que dan forma a una dimensión falsa como es el ego. En definitiva, es nuestro ego que crea una forma de ser y de actuar, que no deja espacio para ser uno mismo. Cuando aprendemos a mirarnos desde la humildad, reconociéndonos imperfectos, podemos mantener tranquilo al ego. Por lo tanto, respira hondo y comienza por soltar la exigencia de querer ser perfecto. Muéstrate así como eres, un ser humano normal que se permite fallar y equivocarse una y mil veces. Esa es la ilusión: creer que vas a perder algo por mostrarte vulnerable e imperfecto; sin embargo, es lo opuesto: eres fuerte cuando te muestras real y verdadero, cuando no gastas todas tus energías en mostrarte coherente y equilibrado. Es tu vulnerabilidad lo que te hace humano, lo que te acerca a ti y lo que hará que los demás se identifiquen y empaticen contigo. Permítete emocionarte con una película —por más tonta que sea—, permítete llorar cuando lo necesites o pedir ayuda cuando no puedas más. Te lo aseguro: no hay nada que tengas que esconder ni nada que perder. No hay nada más liberador que volver a ser tú mismo.

6. Declaración de autoaceptación

Me gustaría preguntarte algo y que me respondas con total honestidad. ¿Alguna vez te has dejado para lo último en beneficio de los demás o has renunciado a tus propias necesidades por hacer felices a otros? ¿Alguna vez te has hecho pedazos para completar a otros que no lo merecían o has puesto tu salud como un pendiente para atender a los demás?

Si tu respuesta es «sí», está basada en una falsa creencia que dice que si te ocupas de ti, eres egoísta. Nada más lejos de la realidad.

De hecho, es lo contrario; cuando te ocupas de ti, tienes la fortaleza suficiente para cuidarte a ti, al mismo tiempo que ayudas a los demás. Es como la indicación que da el asistente de vuelo al subir a un avión: «Señores pasajeros, si por alguna razón caen las máscaras de oxígeno delante de ustedes, primero se la colocan ustedes mismos y luego a quien tengan a su lado». Entonces, ¿no crees que sería un buen momento para mirarte y escucharte? ¿No crees que es hora de que comiences a dedicar tiempo para ti? Tiempo para escucharte, para cuidarte, para sintonizar con tus valores y sentimientos más genuinos y declarar a viva voz lo que quieres y lo que ya no quieres más para tu vida. ¡Yo creo que sí!

Entonces, cuando te descubras en una situación en la que te sientes mal, en la que sientas enojo, humillación, rencor, falta de respeto, desconfianza, o alguna emoción similar, es que seguramente estás bajo alguna influencia sutil del ego o, dicho de otra manera, no eres feliz. Así que te dejo un ejercicio práctico para que puedas comenzar a soltar las influencias que quitan tu plenitud.

7. Ejercicio de felicidad

1. Primero, para y respira conscientemente un par de veces.
2. Pregúntate: «¿Qué estoy sintiendo en este momento?». Dale lugar y espacio a lo que sea que sientas, aunque no te agrade. Por ejemplo, desilusión, angustia, rabia, tristeza, etc.
3. Con sabiduría, date cuenta de que quien sufre es el ego, la «máscara que construiste» y no tú. Seguramente estás sufriendo por buscar la aprobación o la aceptación de alguien.
4. Elije abandonar la actitud de víctima y sé protagonista de lo que sientes. En vez de criticarte o castigarte, elije aceptarte, valorarte y tratarte con amabilidad, dedicándote unas palabras gentiles: «Soy un ser humano imperfecto», «Me perdono por haberme construido algunas máscaras para esconderme de quien realmente

soy», «Lo hice por necesidad, aunque ya no las necesito», «Estoy listo para mostrarme tal cual soy».

5. Tu mente entrará en un estado de mayor calma, se volverá silenciosa y recuperará su claridad. Sostén ese estado.

6. Ahora crea el pensamiento en tu mente: «yo soy suficiente», «no tengo que hacer nada para ser quien soy», «así como soy está muy bien», «soy mi locura y mi sensatez, soy el que se rompe y se vuelve a armar una y otra vez».

7. Considérate un instrumento para facilitar que las cosas sucedan, así soltarás definitivamente las máscaras del ego y sentirás liviandad y humildad.

8. Confiar en ti y en la vida

Cuando no hemos trabajado nuestra autoaceptación, solemos considerarnos las víctimas del relato y responsabilizar a los demás por la amargura de nuestras vidas. Entonces surge el lenguaje derrotista de las excusas: «No hice lo que quería en mi vida porque mi familia no me apoyó»; «No terminé mi carrera profesional porque los profesores estaban en mi contra»; «No conseguí pareja porque no existe nadie para mí», «Perdí mi trabajo porque no le gusté al jefe»; «No tengo amigos porque no se puede confiar en nadie». Todas estas excusas limitan nuestras posibilidades de crecer, nos distancian de los demás y arruinan nuestra existencia. Por otro lado y de ninguna manera, esto significa que seamos los responsables de todo lo que nos ocurre, ni que tengamos garantizada la felicidad. Por ejemplo, si ahora mismo estamos padeciendo una enfermedad, o si nuestra pareja nos abandonó, o si perdimos nuestro trabajo, esto no quiere decir que nosotros seamos los culpables. No. Quizá las circunstancias o el contexto tengan un 95% de responsabilidad y el 5% restante nos corresponda. No obstante, nosotros somos 100% responsables de ese 5% y de dar una respuesta o tomar una decisión ante dicha situación.

No debemos esperar que algo cambie por sí solo. Por mucho que nos quejemos y aun teniendo la razón, hay una parte del cambio que nos corresponde. Debemos evitar desperdiciar la energía culpándonos o compadeciéndonos. Debemos aceptar que hay cosas que no están bajo nuestro control y soltarlas. Lo que sí depende completamente de nosotros es la «actitud» que adoptamos frente a las situaciones.

Entonces, la pregunta es: «¿Cuál es la actitud que vas a adoptar frente a lo que necesitas resolver hoy?».

Te tengo una propuesta. Comienza por hacerte a ti mismo una promesa, un voto de confianza por ti, asumiendo tu responsabilidad personal. Confía en tus propias capacidades y talentos, y haz de la vida tu compañera, socia o compinche en cada situación que tienes que resolver. Por ejemplo, ante una circunstancia difícil piensa con determinación:

- Entiendo que no puedo controlar las circunstancias.
- Lo único que está en mis manos, es mi actitud.
- Yo hago mi parte y pongo lo mejor de mí .
- Y dejo que la vida haga su parte. Que colabore conmigo.

De esta manera, nunca sentirás que estás haciéndolo todo tú, repartes tu responsabilidad con la «vida» como tu compañera invisible en la acción. Te concentras en transformar lo negativo en positivo, te enfocas en tu transformación. También recuerda que nada está garantizado en este mundo; todos ganamos y perdemos; todo llega y se va; lo importante no es que te resistas o luches contra las leyes naturales de la vida —es imposible—, sino que logres coexistir en armonía con estas leyes siendo responsable de tus actos, confiando en que siempre va a ocurrir lo mejor y sin culpar a otros por tus frustraciones.

9. La felicidad se construye

A lo largo de nuestras vidas, todos nos enfrentamos a diferentes situaciones inevitables: conversaciones difíciles, proyectos laborales complejos, problemas económicos, dificultades de salud o dilemas familiares. Con frecuencia, asociamos estas circunstancias con la palabra «problemas», lo que nos sumerge en sentimientos de preocupación, tensión, incomodidad o malestar. Sin embargo, ¿ si pudiéramos elegir sentirnos bien en lugar de mal ante estos desafíos? Dado que debemos enfrentar estas situaciones de todos modos, ¿por qué no intentar verlas desde una perspectiva más amplia y abordarlas con una energía más positiva? Después de todo, siempre está en nuestras manos tomar esa decisión. Podemos optar por ser dueños de nuestras circunstancias en lugar de ser víctimas de ellas.

Encontrar la felicidad en medio de la adversidad no implica ignorar lo que sucede a nuestro alrededor o desinteresarnos por completo. Tampoco se trata de reírnos constantemente o de vivir en un estado de euforia perpetua. La verdadera felicidad es un estado de dicha serena que llena nuestro corazón, calma nuestra mente y nos capacita para actuar con humildad y empatía. Cuando experimentamos paz y felicidad en nuestra mente, obtenemos una claridad y un poder internos mucho mayores, lo que nos permite responder con sabiduría a cualquier desafío que la vida nos presente. En lugar de permitir que las circunstancias nos definan, podemos elegir decidir cómo nos relacionamos con ellas. Podemos desarrollar una mentalidad resiliente y optimista, y encontrar oportunidades de crecimiento y aprendizaje incluso en los momentos más difíciles. Al hacerlo, transformamos nuestra experiencia y nos capacitamos para tomar decisiones más sabias y conscientes.

Claro que no siempre es fácil, pero con práctica y autodisciplina podemos desarrollar la capacidad de encontrar la felicidad y la paz interior en medio de cualquier situación. A medida que cultivamos nuestra fortaleza interna, nos volvemos más aptos para afrontar los desafíos con serenidad y trascender las limitaciones que podrían haberse interpuesto en nuestro camino. Entonces, en lugar de dejarnos arrastrar por la negatividad, abracemos la elección de encontrar la felicidad y la serenidad en todas las circunstancias. Recuerda que nuestra respuesta ante los desafíos puede transformar no solo nuestra experiencia personal, sino también la forma en que impactamos en el mundo que nos rodea. El poder de vivir con alegría y claridad reside en nuestras manos.

10. Empoderar la mente para ser feliz

Desde mi adolescencia, he pasado innumerables horas inmerso en profundos pensamientos acerca de mi existencia, cuestionando quién soy y explorando los misterios de la vida y la muerte. En esa época, me sorprendía cómo la mayoría de las personas en general prestaban excesiva atención a las trivialidades externas de sus vidas, mientras descuidaban por completo su mundo interior: los pensamientos, las emociones y los sentimientos que yacen en lo más profundo de su ser. En mi opinión, esta falta de atención a nuestra fortaleza interna, y en particular a nuestra mente, debilita nuestro ser. Y cuando la mente se debilita, cada pequeño problema se magnifica y se convierte en un desafío abrumador. Pero ¿cuál es la clave para cuidar y fortalecer nuestra mente? La respuesta está en cómo percibimos y experimentamos cada faceta de nuestra vida. Cuando aprendemos a hacerlo de manera consciente, todo lo que vivimos adquiere una nueva y enriquecedora dimensión. Todos los seres humanos tenemos que aprender a relacionarnos con tres aspectos fundamentales:

- Con los eventos que nos rodean.
- Con los demás.
- Con nosotros mismos.

Esta última es la más importante porque afecta directamente a las otras dos. Para poder explorar la relación con nosotros mismos, podemos comenzar por hacernos algunas preguntas esenciales como: ¿de qué manera me hablo a mí mismo? ¿Cómo me veo y me percibo? ¿Cuánto me escucho? ¿En qué medida confío en mí? Comenzar por respondernos honestamente estas preguntas es un paso crucial hacia el bienestar interior.

A su vez, en cierta ocasión, un profesor de meditación compartió conmigo que existen tres tipos de personas. Están quienes simplemente atraviesan la vida con la única intención de sobrevivir y cumplir con las expectativas impuestas por el entorno, para ellos esto es suficiente como experiencia de vida. Luego están aquellos sumamente influenciables por todo lo que acontece a su alrededor. Si las cosas van bien, se sienten bien; pero si las circunstancias no son favorables, experimentan una profunda infelicidad. Viven atrapados en el papel de víctimas y su bienestar emocional se encuentra en constante fluctuación debido a las situaciones externas, lo cual resulta agotador para la mente. Por último, encontramos a los que son protagonistas de su propia vida. Los que han aprendido el arte de ver con claridad y sabiduría. Reconocen que no pueden controlar lo que sucede, pero sí pueden elegir cómo interpretarlo y reaccionar ante ello. Esta perspectiva marca toda la diferencia.

Y tú, en este momento, ¿con cuál de estos tres tipos te identificas?

Nuevamente, te puede ayudar hacerte algunas preguntas clave: ¿cómo interpretas el fracaso? ¿Lo ves como una experiencia dolorosa o como una lección valiosa? ¿Cómo te relacionas con los cambios? ¿Los ves como una pérdida o como una oportunidad? Aquellos que se consideran protagonistas utilizan las adversidades como oportunidades para crecer y aprender. Del mismo modo que una rosa hermosa y fragante utiliza el fertilizante para florecer, estas personas usan las situaciones aparentemente negativas para su propio crecimiento personal. El secreto radica en adoptar esta actitud en el presente, en cada momento y saber que aunque no podemos controlar las situaciones o eventos que nos rodean, sí podemos controlar la forma como los interpretamos. Uno de mis maestros siempre nos decía:

> Nunca pierdan su felicidad. Los problemas vendrán y se irán, pero su felicidad no debería irse, porque los problemas son situaciones externas que han venido de los demás, y son temporales. La felicidad es un tesoro que siempre esta con ustedes, y les pertenece; sin importar lo que pase afuera.

11. Controlas tu mente y controlas tu vida

Desde muy temprana edad, me enseñaron que la clave para alcanzar la felicidad radicaba en tener un control absoluto sobre mi vida. Me dijeron que si lograba ese dominio, sería capaz de experimentar una profunda satisfacción. Sin embargo, a medida que me vuelvo más consciente de mi existencia, me doy cuenta de una verdad profunda y transformadora: no puedo controlar ni la vida ni a las personas que la habitan. Pero hay algo que «sí» puedo gobernar. Algo fundamental que se encuentra entre yo y la vida, y eso se llama «mi mente». Y ahí está el poder: en mi capacidad de controlar mi mente.

Cuando la mente está bajo nuestro dominio, la vida pierde su poder para afectarnos y tensionarnos. Es un gran paso dejar de intentar controlar el curso de la vida y, en su lugar, dirigir nuestra atención hacia el dominio de nuestra propia mente. Este acto de liberación nos brinda una sensación de calma y fortaleza interior. Al reconocer que la vida es intrínsecamente impredecible y que las personas actúan de acuerdo con su propia voluntad, nos abrimos a una nueva forma de ser y de interactuar con el mundo. Ya no nos vemos atrapados en una lucha constante por controlar cada situación o influir en cada persona. En cambio, nos concentramos en cultivar una mente equilibrada y resiliente. Al tomar las riendas de nuestra mente, encontramos una nueva perspectiva. Nos volvemos conscientes de que nuestras reacciones y emociones no son meras respuestas automáticas a las circunstancias, sino que son el resultado de nuestra interpretación y elección conscientes. Aprendemos a no dejarnos arrastrar por las corrientes de la vida, sino a navegar con sabiduría y serenidad por encima de ellas.

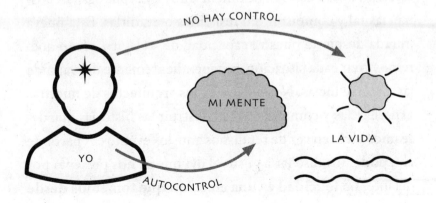

Este cambio de enfoque nos permite fluir con las transformaciones y desafíos que la vida nos presenta. Nos damos cuenta de que, aunque no podemos controlar los eventos externos, sí podemos elegir cómo responder a ellos. Al abrazar esta verdad, descubrimos una libertad y una alegría que antes parecían inalcanzables. Así que, en lugar de aferrarnos a la ilusión de controlar cada aspecto de nuestra existencia, volvamos nuestra atención hacia nuestra propia mente. Cultivemos la habilidad de manejar nuestras emociones, pensamientos y perspectivas. Aprendamos a ser observadores conscientes de nuestra propia experiencia. En este poderoso acto de autogobierno, encontraremos la verdadera libertad y el equilibrio duradero. Nunca pierdas tu felicidad.

12. La felicidad es una elección

Algo mágico ocurre cuando comenzamos a meditar y a vivir con más presencia. Nuestra visión del mundo se amplía y en vez de ver solo «problemas», vemos «desafíos» u «oportunidades para crecer». Comenzamos a aceptar las circunstancias tal y como son, sin resistirlas o evadirlas. Esta nueva mirada despierta nuestra capacidad de «elegir» cómo queremos vivir cada situación, independientemente del valor de las circunstancias. Nos volvemos los arquitectos de nuestras experiencias y comenzamos a construir las historias que deseamos vivir, en vez de rendirnos ante los eventos. A partir de ahí, podemos diseñar a gusto el día que se nos presenta por delante. **La felicidad es una elección que tomamos desde**

adentro, en cada momento, ante cada situación, mientras somos conscientes. Si estamos dormidos o inconscientes, somos marionetas de las circunstancias, a merced de los resultados y sin ninguna posibilidad de elegir.

En resumen, no puedes controlar lo que ocurre fuera de ti, pero sí puedes manejar lo que ocurre en tu interior. Eres el creador de lo que sientes, por lo que puedes elegir libremente crear felicidad en tu interior, sin ninguna otra razón que tu propia decisión. Así que, respira hondo, ármate de valentía y te animo a que, a partir de ahora, te conviertas en el creador de tus propios pensamientos y experiencias. Y en lugar de asociar tus problemas a tus emociones, puedes transformar tus viejos patrones mentales en oportunidades de aprendizaje o de crecimiento personal. Desconéctate de tus problemas y conéctate con tu energía interior; tu eres el soberano de tu mente, eres un pájaro libre.

Pregúntate cómo podrías aumentar la energía de la felicidad en tu vida. ¿Cómo sería la vida con más felicidad? Depende de ti, de la calidad de tus pensamientos, de la confianza en ti mismo y en la vida. A partir de hoy puedes declarar que eliges afrontar todas las circunstancias de la vida con una sonrisa, con autoconfianza, siendo más generoso y con esperanza y fe.

13. Ejercicio para experimentar felicidad

- Haz una pausa para sentir tu respiración.
- Toma conciencia de este momento.
- Adopta la postura de ser el observador consciente, el observador que «elige».

- Observa lo que ocurre dentro de ti.
- Atrévete a aceptar lo que sientes.
- Deja pasar todos los pensamientos que te limitan o preocupan.
- Elige conectar con tu paz y felicidad interior.
- Crea el siguiente pensamiento: «En este momento me siento feliz», sin ninguna razón externa, simplemente porque lo eliges.

Como habrás leído, la felicidad también se construye y se practica. Cuando aprendemos a meditar, aprendemos también a conectar con la felicidad que mora en el interior. La meditación nos ayuda a liberarnos de la influencia de los sentidos y a conectar con nuestra esencia más profunda. Al estar en sintonía con el alma y nuestro propósito, nos sentimos plenos y felices.

14. Es el alma quien experimenta la felicidad

Hemos perdido el verdadero sentido de la felicidad al creer que somos meramente cuerpos físicos. Cuando vivimos en ese estado de desconexión, nos dejamos llevar por nuestros deseos y nuestros sentidos físicos. Buscamos la felicidad en experiencias externas, intentando llenar nuestros vacíos emocionales con experiencias sensoriales, posesiones materiales o comida. Sin embargo, descubrimos que nada de eso nos llena realmente, porque la verdadera felicidad proviene del alma. Es un sentimiento sutil, innato y brota desde nuestro interior. **La felicidad es el alma expresándose en su esencia más pura, más allá de cualquier condición externa**. Es el despertar de nuestro ser a su verdadera naturaleza. Para ilustrarlo, piensa en un sonámbulo: a simple vista, puede parecer despierto, se mueve, habla y camina como una persona consciente, pero, en realidad, está profundamente dormido. De la misma manera, cuando no vibramos en felicidad, estamos como adormecidos en el sueño de los placeres sensoriales, y placer no es sinónimo de felicidad.

15. Perdonar y soltar para ser feliz

A menudo, hacemos cosas buenas o vivimos experiencias agradables y entretenidas, pero eso no significa que nos sintamos verdaderamente felices. Todos necesitamos sanar algo en nuestro interior para poder experimentar la verdadera felicidad. Puede ser un dolor físico, mental, emocional o espiritual. Todos necesitamos aprender a perdonar y soltar. El perdón es una decisión consciente que tomamos para vivir en plenitud y felicidad. Implica reconocer nuestros errores, incluso si otra persona fue quien nos hirió, y perdonarnos a nosotros mismos por haberle dado el poder sobre nuestras vidas. Al asumir esta responsabilidad y liberarnos de las cargas del pasado, aligeramos nuestra carga emocional. Al perdonarnos, eliminamos todas las condiciones en nuestra mente que obstaculizan el flujo del amor y la felicidad. Cada vez que albergamos resentimiento hacia alguien, estamos reprimiendo nuestra propia felicidad. Recuerda que cuando tú cambias, todo cambia. Es crucial aprender a perdonar y soltar. Imagina que estás limpiando tu hogar: primero barres toda la suciedad y luego la sacas de la casa, eso es soltar. Debes soltar tu arrogancia, dejar de creer que eres el dueño de la verdad o el juez de los demás. Abandona la rigidez y las expectativas. Si aún albergas resentimientos en tu corazón, enfócate en cultivar más amor dentro de ti. Verás cómo la vida te proveerá de lo que necesitas para sanar.

16. El gozo de compartir: un camino hacia la felicidad

Estamos diseñados para compartir, no para depender. En el acto de compartir encontramos la genuina alegría, y al brindar un regalo a alguien, nos invade una sensación de dicha. Existe una ley universal que afirma que todo lo que das, lo recibes. Si ofreces felicidad, esta vuelve a ti; si compartes tristeza, la tristeza regresa. La felicidad no es un destino al cual llegar, sino un sendero que recorremos. Es un estado que se vive en el presente.

Experimentas la felicidad cuando:

- Te sientes pleno y seguro de ti mismo.
- Tu propósito y tú están en perfecta sintonía.
- Saboreas la libertad de elegir sin restricciones.
- Sientes una profunda conexión y pertenencia.
- Puedes servir y brindar ayuda a los demás.
- Te consideras un regalo para los demás.

Descubres la felicidad cuando, al final del día, te invade una satisfacción personal. Te sientes en armonía con tus logros y tus interacciones con los demás. La gratitud llena tu corazón por haber aprovechado al máximo el día. Eres feliz cuando detrás de tus pensamientos, palabras, acciones e interacciones hay un sentido profundo de realización y cumplimiento de un propósito. La infelicidad se instala cuando careces de un propósito claro en tus acciones. ¡El alma es feliz en su esencia, es su naturaleza y no necesita nada externo para sentir satisfacción. De hecho, nada externo o material puede contentar al ser, solo la expresión de su verdadera identidad. Así que recuerda no dejar escapar jamás la felicidad, pues es tu tesoro más valioso.

17. Fábula de la serpiente y la luciérnaga

Cuenta la leyenda que una vez una serpiente empezó a perseguir a una luciérnaga; esta huía rápido de la feroz depredadora, pero la serpiente no pensaba desistir. Escapó un día y ella no desistía; dos días y nada. Al tercer día, la luciérnaga paró y fingiéndose exhausta, dijo a la serpiente:

—Espera, me rindo. Pero antes de atraparme, permíteme hacerte unas preguntas.

—No acostumbro a responder preguntas de nadie, pero como te pienso devorar, puedes preguntarme.

—¿Pertenezco a tu cadena alimenticia?

—No.

—¿Te hice algún mal?

—No.

—Entonces, ¿por qué quieres acabar conmigo?

—Porque no soporto verte brillar.

La moraleja de esta fábula radica en la importancia de mantener nuestro brillo interior a pesar de la envidia y los obstáculos que puedan surgir en nuestro camino. En el entorno de cada uno de nosotros, siempre hay serpientes que intentan opacarnos, pero la felicidad y la luz que emanamos no deben ser disminuidas por las inseguridades de otros. Es vital recordar que la autenticidad y el florecimiento personal no deben ser reprimidos para adaptarse a las expectativas de los demás. Abraza tu propia luz interior y no temas brillar intensamente. Al hacerlo, puedes inspirar y encender el brillo en los demás, desafiando las barreras y creando un mundo donde todos puedan vivir en plenitud y felicidad.

18. Reflexiona sobre este capítulo

- Recuerda un tiempo cuando experimentaste profunda felicidad, ¿qué estabas viviendo? ¿Qué pasaba a tu alrededor?
- ¿En qué se diferencia la felicidad del placer o de estar entretenido?
- ¿Cómo se conectan la felicidad y el compartir? ¿Qué es la felicidad para ti?

19. Preguntas y respuestas

Pregunta: Tengo un amigo que no está muy feliz, que no está pasando por un buen momento: no es capaz de ver sus aspectos positivos, sus cualidades o virtudes y le es muy difícil valorar la familia y los amigos que tiene. ¿Cómo puedo animarlo? ¿Qué puedo decirle?

Respuesta: Cuando las personas están infelices, no necesitan que les demos consejos o intentemos solucionar sus vidas, lo que más necesitan es nuestro amor y compasión. Para eso podemos acompañarlo en su estado de infelicidad desde el respeto, la presencia y la empatía. Ayudarlo a que viva su propio proceso siendo pacientes con él. escuchándolo sin juzgarlo y respetando su dolor. Esto le brindará la seguridad y la confianza necesarias para aceptar su malestar y progresivamente comenzar su cambio, pero esa será su decisión. También puedes hacer el ejercicio de pensar que tu amigo eres tú y preguntarte: «¿Qué cosas te dirías a ti mismo si estuvieras en su lugar?». De esa manera tendrás algunos pensamientos amables para compartir con él.

20. Meditación guiada | Felicidad
(duración aproximada 25 minutos)*

Para comenzar la práctica, te invito a que encuentres un lugar cómodo y tranquilo para meditar, con la intención de cultivar la felicidad en tu vida. Tómate el tiempo necesario.

---

* Puedes escuchar el audio de esta meditación escaneando el primer código QR que aparece en el libro.

Permite que tu cuerpo esté alerta y, al mismo tiempo, relajado. Es importante que tu espalda esté erguida; tu nuca, estirada y el mentón, ligeramente recogido. Tus hombros pueden estar relajados y tus manos descansando sobre las piernas. Si es posible para ti, respira solo por la nariz. Cierra suavemente los ojos y lleva tu atención hacia dentro. Permítete liberar cualquier tensión o preocupación que puedas tener en este momento. Siente cómo tu cuerpo se relaja con cada respiración.

Inhala y sé consciente de que inhalas; exhala y sé consciente de que exhalas. Si notas que tu atención se aleja del presente, no te preocupes; cuando lo creas conveniente y con amabilidad, invita a tu mente a regresar a las sensaciones de tu respiración. Permanece presente en el aquí y ahora.

Hoy te voy a invitar a sumergirnos en la profunda sensación de felicidad que reside en nuestro interior. Para eso te voy a pedir que uses tu mente para imaginar que estás en un lugar especial. Allí hay solo luz y tranquilidad. Sientes cómo la atmósfera de paz te envuelve amablemente. Imagina que este lugar es el santuario de tu felicidad interior.

Frente a ti puedes notar que hay una puerta antigua y majestuosa. Esta puerta representa la entrada a tu santuario de felicidad. Siente cómo la emoción y la curiosidad se mezclan mientras te preparas para cruzarla.

Con cada latido de tu corazón, la puerta se abre suavemente y te invita a entrar. Cruza el umbral con tranquilidad y determinación, sabiendo que en este lugar sagrado encontrarás una fuente inagotable de alegría.

Una vez adentro, te encuentras en un espacio lleno de luz y energía cálida. Esta luz te envuelve amorosamente, como un

118

abrazo reconfortante. Aquí todo es posible, y tú eres el creador de tu propia felicidad.

Permítete unos momentos de silencio mientras te sumerges en la sensación de paz y serenidad en tu santuario de felicidad.

A medida que exploras este espacio, notas que cada rincón brilla con tesoros de bienestar interior.

Sientes que tienes todo el tiempo que necesitas para estar contigo. No hay nada por lo que apurarse.

Tienes tiempo para ti, para cuidarte, valorarte, reconocerte. Te conoces y te aceptas tal cual eres.

Así como eres, es suficiente. Cultivar estos tesoros aporta equilibrio y bienestar a tu vida.

Mientras recorres tu santuario interior, puedes ver una galería de cuadros que se presentan frente a ti con frases inspiradoras. Estas frases te van indicando tu camino hacia la felicidad. Así que, a medida que avanzas, detente frente a cada cuadro, respira suavemente y lee en tu mente cada frase dedicada a ti:

- La felicidad reside en mi corazón, y elijo cultivarla cada día.
- Me permito sentir y experimentar plenamente la alegría en cada momento.
- Mi felicidad no depende de circunstancias externas; es una elección que hago cada día.
- Me libero de cualquier carga del pasado y abro espacio para la felicidad presente.
- Confío en mí mismo y en el proceso de la vida, sabiendo que siempre estoy en el camino correcto.
- Suelto la necesidad de controlar todo y fluyo con gracia y confianza.

- *Mi mente está empoderada para atraer pensamientos positivos y constructivos.*
- *La felicidad es una elección que hago en cada momento, y elijo ser feliz ahora.*
- *Por último, tú mismo puedes escribir la frase que necesites escuchar en este momento de tu vida para ser feliz…*

Quédate con la experiencia que estás sintiendo unos instantes más.

Percibe cómo el sentimiento de felicidad se siembra en tu corazón y te envuelve a ti y a todos los que te rodean, familiares, amigos, colegas, pareja, hijos.

También cada célula de tu cuerpo se ilumina con esta energía de felicidad y bienestar. Siente cómo la felicidad fluye a través de ti como un río suave y constante.

Permítete unos momentos más de silencio mientras te sumerges en la experiencia de la felicidad interior.

A medida que te preparas para finalizar esta meditación, recuerda que siempre puedes regresar a tu santuario de felicidad. Es tu refugio de paz y serenidad en tu mundo interior.

Cuando te sientas listo, comienza a llevar tu atención nuevamente a tu respiración. Toma unas respiraciones profundas y lentas. Gradualmente, abre tus ojos y regresa al presente.

21. Práctica para casa | Descubrir tu felicidad

A partir de este capítulo, te invito a considerar las siguientes preguntas como una manera de indagar más en el desarrollo de tu felicidad. Para que el proceso sea más ameno, podrías elegir un espacio tranquilo, acompañarlo con música suave y regalarte unos minutos sin apuro para responder cada una de ellas.

- ¿Qué puedo hacer para sanar y liberar las cargas emocionales que me impiden experimentar la verdadera felicidad?
- ¿Cómo puedo asumir la responsabilidad de mi propia felicidad y liberarme de las condiciones mentales que obstaculizan el amor y la alegría en mi vida?
- ¿Qué resentimientos o rencores estoy albergando actualmente y cómo están afectando mi propia felicidad?
- ¿De qué manera puedo practicar la compasión y la empatía hacia los demás, reconociendo que cada persona tiene su propia historia y luchas internas?
- ¿Qué acciones concretas puedo tomar para limpiar mi corazón y soltar cualquier arrogancia o necesidad de control sobre los demás?

22. Ejercicio para cultivar la felicidad

Además de las preguntas, puedes hacer un ejercicio cotidiano muy útil para cultivar la felicidad en tu día a día. Aquí te dejo un plan sencillo para llevarlo a cabo.

Elige un momento del día, la mañana o antes de dormir, para dedicar unos minutos a este ejercicio. Ten a mano un cuaderno o una libreta para escribir.

Anota tres cosas por las que te sientes agradecido en ese día. Pueden ser cosas pequeñas o grandes, como disfrutar de una taza de café, tener una charla agradable con alguien o lograr un objetivo importante. Trata de ser específico y detallado en tus descripciones. Por ejemplo, en lugar de solo escribir: «Estoy agradecido por mi familia», podrías escribir: «Estoy agradecido por la conversación cálida que tuve con mi hermana hoy» o «Agradezco esa taza de café caliente antes de comenzar mi jornada laboral». No te preocupes si algunos días sientes que no tienes muchas cosas que anotar. Incluso en los días difíciles, puedes encontrar algo pequeño por lo que sentir gratitud. Al dedicar tiempo a reconocer las cosas buenas en tu vida, puedes desarrollar una mentalidad más optimista y resiliente.

Me siento agradecido por...

Lección 4

LA PAZ ES TU VERDADERA NATURALEZA; LA IRA, NO

¿Alguna vez te has preguntado qué es la paz? A menudo pensamos que es algo así como estar tranquilos o relajados, pero en realidad es mucho más que eso. Cuando estamos en paz, nos sentimos más seguros y en control, y nuestra mente se vuelve más clara y poderosa. ¿No te gustaría sentirte así todo el tiempo?

La paz suele tener un mal *marketing* en un mundo carente de calma y tranquilidad. Muchos consideran que la paz es un estado de debilidad, rendirse ante los desafíos, dejar que las cosas pasen sin hacer nada o adoptar una actitud pasiva y considerarse una víctima ante las circunstancias. Sin embargo, es todo lo contrario; cuando estamos en paz, vibramos de una manera diferente y la mente se calma y se serena. Si, por ejemplo, estuvieras en una situación de emergencia o un accidente, ¿a quién le pedirías ayuda: a una persona que esta acelerada, confundida e inestable o a una persona que está calmada y en paz?

La paz es algo que todos buscamos, pero a menudo nos olvidamos de que ya la llevamos dentro de nosotros. Es nuestro estado original y podemos mantenerlo en cualquier situación, si tenemos la práctica, tanto en medio de una multitud como en la soledad del campo. A veces pensamos que solo podremos encontrar paz cuando no haya más problemas, pero lo cierto es que la verdadera paz se vive a pesar del ruido y de las condiciones externas. Para lograr la paz, es importante aceptar las situaciones sin identificarnos con ellas. De este modo, podemos ver las cosas de manera más positiva y constructiva, lo que mejora nuestras relaciones con los demás y nuestro bienestar en general. Además, está comprobado que las personas que experimentan paz en sus vidas vibran a una frecuencia más alta, lo que les permite crear pensamientos positivos y poderosos con los que construyen la realidad que viven. En cambio, cuando los pensamientos que tenemos son negativos e inútiles, cuando hay tormentas en la mente, vemos solo debilidades en los demás, nos enfocamos en sus errores en vez de sus aciertos y perdemos toda esperanza.

Por eso, es importante que honres ese lugar de calma y paz que existe dentro de ti. Dentro de cada ser humano hay un océano de calma y paz y en ese lugar no hay espacio para las fluctuaciones mentales o emocionales; es un lugar estable, seguro, tranquilo y está más allá de las olas de los pensamientos. Quizá te preguntes si ese lugar también existe dentro de ti. Yo te aseguro que sí y te invito a que lo descubras y lo vivas, porque ese lugar no está lejos, ese lugar está en este instante.

1. Yo soy paz

Mi primera experiencia con la meditación fue una revelación. Mientras que para muchas personas sentarse en una posición cómoda e intentar observar sus pensamientos puede ser un desafío, para mí fue distinto. Tan solo me senté y la calma y la quietud interiores me envolvieron, como si se tratara de una nube suave y acogedora. La paz y la armonía llegaron sin esfuerzo alguno, y rápidamente me di cuenta de que no solo estaba sintiendo paz, sino que «**yo era esa paz que sentía**».

Esas experiencias significaron mucho para mí en mis primeros días como practicante, ya que confirmaron algo que siempre había intuido desde niño, pero que no había sabido expresar en palabras. De hecho, recordé varios momentos en los que había experimentado completa paz y armonía, como cuando viajamos en auto a través de la majestuosidad de la cordillera de los Andes cubierta de nieve, o cuando vi a mi hermana recién nacida en su cuna en el hospital. Pero ninguna de esas experiencias se comparó con lo que sentí durante la meditación.

Esos momentos habían sido sublimes, pero me di cuenta de que esos sentimientos eran consecuencia de situaciones externas a mí. En cambio, la paz que sentí mientras meditaba venía desde adentro, como si naciera desde mi propia esencia. La sensación era de liviandad, de ausencia de cargas y libertad, y el silencio que experimenté fue dulce y profundo. Pero no era un silencio que resultaba de la ausencia de ruido, sino más bien del deleite de la belleza interior, la experiencia de sentirme completo, seguro, sin necesidades ni carencias.

Por supuesto, lo que describo es mi experiencia personal y, como tal, puede ser diferente para otras personas. No obstante, estoy firmemente convencido de que la verdadera paz no se puede obtener del afuera, sino que es algo que nace desde lo más profundo del ser. En realidad, hoy puedo afirmar con autoridad, que somos esa paz que sentimos.

Uno de mis principales mentores en mi camino espiritual ha sido Ken O'Donnell, quien escribe en su libro *La paz comienza contigo*:

La paz fluye de tu propio interior.
La serenidad existe dentro de ti.
El ser humano que se limita a conceptos y preconceptos
    está sofocando el corazón y la razón.
La paz no depende de nada externo.
La paz que estás sintiendo es tuya.

2. Experimentar paz

Si la paz viene de nuestro interior y es nuestra naturaleza, entonces, ¿por qué es tan difícil sentirla?

Por ejemplo, si no has hecho ejercicio físico en mucho tiempo, te resultará difícil comenzar de nuevo. Lo mismo ocurre con el ser, que ha perdido la costumbre de aquietarse y silenciarse; esto se refleja en el estado actual de nuestras sociedades, donde en general, la mente no está en paz ni es feliz. Para experimentar la paz, es necesario ejercitar el músculo de la conciencia y revivir las cualidades y valores originales del ser (paz, felicidad, amor). A continuación, te comparto una breve práctica para que puedas vivir tu paz interior.

- Siéntate cómodamente, deja el cuerpo relajado y, si lo prefieres, puedes cerrar tus ojos.
- Respira conscientemente algunas veces y ubícate en el momento presente.
- Concéntrate en la idea de la paz.
- Lleva la atención a tu entrecejo, ese lugar en el centro de tu frente.
- Visualiza un punto de energía que está brillando allí como un punto de luz. Puedes pensar: «Hay un punto de luz en el centro de mi frente, y ese punto soy yo».
- Sé un simple observador de lo que piensas, como un testigo imparcial. Piensa: «Yo soy el ser, soy el alma» y experimenta los sentimientos que emergen de esos pensamientos.
- Piensa: «Mi naturaleza original es la paz; yo soy paz», y siente cómo las olas de paz remueven la tensión de tu mente.
- Hay solo paz y esa es mi naturaleza.
- Piensa: «Mi mente está en calma, me siento en paz».
- Permanece en ese estado durante un tiempo y luego regresa a tus actividades. Ve si puedes sentir el poder de la paz en tus próximas acciones.

Espero que hayas tenido la oportunidad de experimentar esa paz que reside en ti. Si aún no sientes esa sensación, no te desalientes; sigue practicando y los resultados llegarán según tu esfuerzo y tu propio ritmo. Además, al final de este capítulo, encontrarás una meditación más extensa y profunda. ¡Buena suerte!

3. La ira nubla la mente

Cuento: El monje y el bote

Cierta vez, un monje decide salir a meditar solo. Lejos de su monasterio, toma un bote y va al medio del lago, cierra los ojos y comienza a meditar. Después de unas horas de silencio imperturbable, de repente siente el golpe de otro barco contra el suyo. Con los ojos aún cerrados, siente crecer su ira y, cuando los abre, está listo para gritarle al barquero que se atrevió a perturbar su meditación. Al hacerlo, vio que se trataba de un bote vacío, sin amarras, que flotaba en medio del lago. En ese momento, el monje logra la autorrealización y comprende que la ira está dentro de él; simplemente necesita el golpe de un objeto externo para provocarla Después de eso, cada vez que se encuentra con alguien que lo irrita o le provoca ira, recuerda; la otra persona es solo un bote vacío.

La ira es una emoción humana poderosa que puede surgir como respuesta a situaciones amenazantes, estresantes, dolorosas o injustas, o cuando nuestras expectativas o deseos no se cumplen. Sin embargo, cuando esta emoción no se maneja adecuadamente, puede ocasionar graves perjuicios en la salud. Un solo instante de ira puede tener consecuencias que se extienden más allá del momento en que se experimenta. Por ejemplo, si una persona pierde el control en un momento de ira y actúa de manera violenta o destructiva, puede dañar las relaciones con otras personas, perder oportunidades importantes y comprometer su propia salud mental y emocional. La ira nubla la mente y nos hace perder la perspectiva, lo que nos lleva a tomar decisiones impulsivas de las que nos arrepentiremos más tarde. El maestro budista Thich Nhat Hanh describe la ira como una semilla que se planta en nuestra mente y puede crecer y florecer si la regamos con nuestros pensamientos y acciones. Uno de los secretos para manejarla es cultivar la atención plena, es decir, estar presentes en el momento y ser conscientes de lo que está sucediendo en nuestro cuerpo y nuestra mente. También implica reconocer y aceptar nuestros pensamientos y sentimientos sin juzgarlos ni reaccionar automáticamente.

Imagina que estas conversando con alguien y de repente esa persona reacciona con ira. ¿Cómo podrías ayudarla para que apague su fuego interior? ¿Le echarías aceite o agua? Le echarías agua, ¿verdad? ¿O también le añadirías unas pocas gotas de aceite? Aunque permanezcas en silencio y no digas nada, si expresas el sentimiento de ira a través de tus ojos y tu cara, o si creas pensamientos de rechazo o rencor, entonces es como si estuvieras salpicando gotas de aceite sobre esa persona. Una persona que está enojada está bajo una influencia externa, así que apelando a tu tolerancia y generosidad, dale bendiciones con el agua fresca de tu compasión.

Una persona que está enojada cree que lo que piensan otros de ella es más importante que lo ella piensa de sí

misma; su ausencia de seguridad es evidente. Una persona que está enojada está tan convencida de que tiene razón y los demás están equivocados que no se le ocurre disculparse o pedir perdón para que la situación se tranquilice. Por otro lado, cuando estamos en paz, somos capaces de comprender y aceptar lo que es mejor y responder positivamente a cualquier situación negativa. La práctica regular de la meditación es una herramienta eficaz para crear un espacio de paz y claridad mental en medio de la explosión emocional de la ira. Esto nos permite comprender mejor lo que está sucediendo dentro de nosotros y de la otra persona. En ese momento de pausa consciente, sin juzgar y con mayor objetividad, podemos responder con nuestros mejores deseos, apagando el fuego del enojo con la frescura de una mirada empática o unas palabras compasivas.

4. Ejercicio para apagar el fuego de la ira

Cuando te encuentres en medio de una situación de ira, enojo o frustración, lo primero y más importante es dirigir tu atención hacia ti mismo en lugar de hacerlo hacia la otra persona. Recuerda que solo tienes influencia sobre tus propias emociones. A continuación, considera los siguientes pasos:

1. **Toma unas respiraciones conscientes** que te separen de los pensamientos que están generando la ira. Incluso puedes llevar tus manos al pecho o el abdomen para sentir mejor la respiración en el cuerpo. Permanece respirando tanto como lo necesites.

2. **Reconoce la ira que estás sintiendo**, sin reprimirla o ignorarla. La ira puede manifestarse de diferentes formas, como frustración, rencor, irritación, tristeza o resentimiento. Puedes decirte: «Estoy bajo los efectos de la ira» o «Estoy viviendo un momento de ira».

3. **Acepta la emoción y la situación** que te está provocando la ira. Aceptarla no significa resignarte o estar de acuerdo con lo que está sucediendo, sino simplemente soltar la resistencia a la realidad. Puedes decirte: «No me agrada lo que estoy viviendo, pero es real».

4. **Observa los pensamientos**. Una vez que has aceptado la situación, puedes observar los pensamientos que están causando tu ira. Generalmente son pensamientos de este tipo: «No me gusta lo que está pasando», «Yo esperaba otra cosa», «Es injusto lo que ocurre». Al identificar estos pensamientos negativos de rechazo o resistencia a la realidad, puedes cuestionarlos y reemplazarlos por otros más positivos y constructivos.

Claro que para tener la fuerza y el coraje de aplicar estos pasos, es importante haberse preparado con antelación. Aunque puede ser difícil recordar las estrategias para detener la emoción en medio de una situación de ira, entrenar la mente mediante la meditación puede ayudar. La meditación es una herramienta poderosa para manejar la ira, ya que nos permite estar más presentes y liberarnos de los patrones de pensamiento negativos que la alimentan. Además, practicar la meditación regularmente nos ayuda a prepararnos para este tipo de situaciones.

5. Cuento sobre la ira

En un tranquilo valle, vivía un joven llamado Liam. Aunque era apreciado por su amabilidad y generosidad, había un aspecto en su vida que lo atormentaba: su dificultad para controlar su ira.

Un día, mientras paseaba por el bosque cercano, Liam se encontró con un anciano sabio sentado bajo un sauce llorón. El anciano parecía conocer los secretos del mundo y emanaba una serenidad inigualable. Liam se acercó tímidamente y compartió sus preocupaciones sobre su enojo descontrolado.

El anciano sonrió y dijo: «Mi joven amigo, observa este sauce. ¿Ves cómo sus ramas danzan suavemente al viento? Aprender a manejar la ira es como aprender a ser como este sauce. Permíteles a tus emociones fluir como el viento, pero no dejes que arrastren todo a su paso».

Liam miró el sauce y reflexionó sobre las palabras del anciano. Decidió entonces pedirle consejo sobre cómo lograr ese control.

El sabio le habló: «Cuando sientas la ira burbujeando dentro de ti, toma un momento para respirar profundamente. Cierra los ojos e imagina que eres un sauce flexible. Visualiza tus emociones como hojas que caen suavemente de tus ramas. No necesitas aferrarte a cada hoja, ¿verdad?».

Liam asintió y comenzó a practicar el consejo del anciano. Cada vez que sentía la ira creciendo en su interior, se detenía, cerraba los ojos y visualizaba las hojas cayendo del sauce. Sentía cómo la tensión disminuía y su mente se aclaraba.

Con el tiempo, Liam notó un cambio en sí mismo. A medida que practicaba el manejo de la ira, sus reacciones impulsivas se volvieron menos frecuentes. En lugar de explotar como un volcán, aprendió a expresar sus sentimientos de manera más calmada y constructiva.

Un día, el anciano sabio le dijo a Liam: «Has aprendido una valiosa lección, mi joven amigo. La ira podrá asaltarte en cualquier momento, pero manejarla con sabiduría puede transformarte en una persona más fuerte y compasiva. Al igual que el sauce se adapta al viento sin romperse, tú también has aprendido a ser flexible ante las tormentas emocionales».

6. Cuidar la paz mental

Si tú quieres conservar algo o a alguien, es obvio que lo primero que debes hacer es cuidarlo, ¿no es así? De manera similar, si lo que queremos es tener una mente pacifica, debemos comenzar por cuidarla; eso conservará nuestra paz mental. Y lo que debemos hacer primero para cuidarla es entenderla y respetarla. Esto implica cuidar atentamente la calidad de la información que decidimos absorber con la mente. Si permitimos que nuestra mente se sature de información inútil o perjudicial, los pensamientos que surgen serán de igual calidad deficiente. Estos pensamientos no contribuirán a mantener una mente en calma.

Pongamos un ejemplo práctico: si alguien te ofrece una caja de bombones por la mañana para que los comas durante el desayuno, ¿te los comerías? Aunque te gusten mucho los chocolates, seguramente no lo harías, porque sabes que es perjudicial para tu salud consumir tal cantidad de azúcar a esa hora del día. Como respetas tu salud, no lo aceptarías. Ahora, ¿serías capaz de respetar de la misma forma tu mente, consumiendo un noticiero negativo o una conversación tóxica por la mañana? Seguramente, no. Así como cuidamos el cuerpo alimentándolo por la mañana con comida saludable, lo mismo deberíamos hacer con la mente y alimentarla con unos minutos de pausa, una meditación tranquila, un espacio de silencio, o cualquier actividad que permita que la mente se fortalezca y esté calma para afrontar los desafíos que cada día trae.

7. El secreto para crear paz mental

El secreto para encontrar paz en nuestra mente es entender que la paz no es una debilidad, a diferencia de lo que muchas personas piensan. **Una mente tranquila no es una mente pasiva, que se rinde fácilmente o adopta una actitud de víctima. Al contrario, las personas más pacíficas son las más poderosas.** Recordemos a Gandhi y cómo logró la independencia de la India de manera pacífica y sin violencia frente al dominio británico. Cuando estamos tranquilos, obtenemos claridad y nos sentimos seguros. El secreto para crear y mantener la paz en nuestra mente radica en la calidad de nuestros pensamientos. Si cultivamos pensamientos positivos y equilibrados, construimos un estado interno de paz que se refleja en nuestra forma de comportarnos a nivel físico, mental y emocional. Esto se convierte en nuestra realidad. Una mente pacífica solo genera pensamientos positivos y poderosos, lo que nos permite tener relaciones saludables en todos los aspectos de nuestra vida: familiar, laboral, personal y social. En cambio, cuando la mente se llena de pensamientos de desperdicio o negativos, se debilita y perdemos claridad y esperanza. Empezamos a ver solo defectos y debilidades en los demás, en lugar de reconocer sus fortalezas.

¿A qué me refiero con pensamientos de desperdicio? Son todos aquellos que no nos aportan ningún beneficio a nosotros mismos ni a los demás; por el contrario, generan conflicto e incertidumbre. Un ejemplo sería el mal uso que hacen algunas personas de sus redes sociales, al criticar o juzgar a los demás sin argumentos válidos o sin conocerlos. Las personas que usan su tiempo en este tipo de prácticas están gran parte del día ocupadas creando historias falsas de otros, descuidando sus propias vidas.

Entonces, si nuestra intención es cultivar paz en la mente, debemos estar atentos al modo como usamos nuestra mente para pensar. En la India existe una imagen que muestra a tres monos cubriéndose los ojos, los oídos y la boca. Esto significa: «No veas el desperdicio, no escuches el desperdicio y no hables el desperdicio». Yo añadiría un cuarto mono: «No pienses en el desperdicio». Poner esta sabiduría en práctica sería algo así como: «No veas lo que no te beneficia, no prestes atención a los comentarios sobre otras personas, no hables de quienes no están presentes ni pienses demasiado en los demás».

Nuestra mente es un lugar sagrado, un espacio para tener un encuentro con nosotros mismos y con lo divino, pero para lograrlo debemos cultivar una mente liviana y luminosa. ¿Qué significa esto? «Luminosa» significa que la mente permanezca despierta, consciente y encendida mientras hablamos y actuamos y «liviana» implica viajar libres de equipaje, es decir, permanecer presentes evitando arrastrar las emociones del pasado o las expectativas del futuro. Estar presentes nos vuelve livianos, con la curiosidad e inocencia de un niño. Alguien que es «doble luz» (liviano y luminoso) reconoce de antemano el desperdicio y lo transforma en beneficio. Una mente así es poderosa y quieta. Nada puede desestabilizarla.

8. Transformar la ira en paz

Muchas veces perdemos nuestra paz por querer demostrar que estamos en lo correcto o que la nuestra es la única verdad. El ego nos gana la batalla y perdemos la cordura y los buenos modales. Muchas veces tendremos que elegir entre tener razón o tener paz, ambos no son siempre posibles al mismo tiempo.

La verdad no tiene por qué ser impuesta, al contrario, siempre se puede demostrar con buenos modales. **Si necesitamos alzar la voz o enojarnos para demostrar nuestra razón, es que aún no hemos descubierto cómo usar el amor para explicar con humildad lo que es correcto.** Una actitud testaruda no logra sus objetivos, al contrario, nos separa de los demás. La señal de la falta de modales es la testarudez y la señal de los buenos modales es la humildad. Alguien verdadero siempre permanecerá humilde y se comportará con modales. Cuando perdemos los modales y reaccionamos negativamente a las situaciones externas, deberíamos entender que hemos perdido el autocontrol. No estoy diciendo que te culpes por eso, no, pero sí que aceptes que el objeto de tu reacción emocional te está controlando o estás bajo su influencia. De alguna manera, le has entregado tu felicidad a algo externo a ti y sufres las consecuencias. Una mente llena de emociones es una mente que no puede mantener su equilibrio original. Cuando reaccionamos, estamos actuando bajo la creencia de que esa es la única respuesta posible, y eso no es verdad. La ira es una emoción que nos perjudica a nosotros y a los demás. Pagamos un costo muy alto cuando hay ira en las relaciones. Separación, tensión familiar, violencia, resentimiento, y cuando el enojo es reprimido por mucho tiempo, puede producir enfermedades físicas, emocionales o mentales. Cuando nos enojamos, estamos bajo la ilusión o la creencia de que la ira es un poder que nos permite controlar a los demás o las situaciones, como si no existiera otra alternativa más que la reacción iracunda. O solemos pensar que si no nos enojamos, somos muy blandos. Cuando creemos que la ira es un poder y lo elegimos como reacción, estamos creyendo, al mismo tiempo, que la paz es para los débiles. Que alzar la voz y hablar fuerte es la única manera de ser escuchados que se logren resultados. Estamos desechando la posibilidad de que la paz sea una alternativa válida y poderosa dime qué responderias:

- Si alguien te ofendió o te ignoró, ¿puedes cambiar eso con tu ira?
- Si algo se perdió o se rompió, ¿puedes cambiar eso con tu ira?
- Si alguien te dejó o te lastimó, ¿puedes cambiar eso con tu ira?
- Si algo que querías que pase no pasó, ¿puedes cambiar eso con tu ira?

Si la respuesta a estas cuatro preguntas es «no», deberías darle una oportunidad a la paz, como poder original. La paz es el verdadero poder para resolver todas las situaciones. Quizá lleve un poco más de tiempo la resolución, pero el proceso será saludable y sin estrés para ambas partes. Elegir la paz, en vez de la reacción, nos libera del resentimiento.

9. Cómo protegernos de las vibraciones negativas

Durante mis años de desarrollo espiritual, aprendí uno de los principios más importantes para protegerme de la negatividad: «No dar ni tomar sufrimiento». La primera parte de este principio es fácil de entender, ya que es evidente que causar sufrimiento a otros está mal, aunque a veces lo hagamos sin ser conscientes. Sin embargo, la segunda parte del principio es más difícil de comprender. ¿Qué significa «no tomar sufrimiento»? Una cosa es que algo suceda, que las personas cometan errores o actúen de forma equivocada, pero algo bien distinto es tomar sufrimiento de eso. Seguramente te has encontrado en situaciones en las que absorbes el sufrimiento de alguien, a veces sin ser consciente de ello. Hace poco, me reencontré con Alejandra, una compañera de estudios a la que no había visto en mucho tiempo. En cuanto me vio, comenzó a contarme su experiencia de divorcio, sus penas y los excesos de su exmarido, entre otras cosas. Mientras la escuchaba, me sentí incómodo y deseé poder finalizar la conversación, ya que me estaba afectando negativamente.

Me cuestioné si sería apropiado decirle que se detuviera, ya que no me hacía bien escuchar tanta negatividad, y si ella se lo tomaría a mal o me consideraría insensible. Finalmente, reuní valor y, con mucho respeto, le comenté: «Alejandra, valoro mucho la confianza que has depositado en mí al compartir tus experiencias personales. Sin embargo, creo que escuchar esto no es beneficioso para ninguno de los dos, y revivir esta situación una y otra vez tampoco te ayuda. Lamentablemente, tengo que retirarme, pero te deseo sinceramente lo mejor en tu vida».

Considero que es esencial cuidar tanto nuestro bienestar emocional como ser empáticos y apoyar a los demás. Establecer límites saludables en situaciones en las que la negatividad de alguien nos afecta es igual de crucial. En estos momentos, expresar nuestros sentimientos de manera sincera y compasiva se convierte en una herramienta valiosa para gestionar la situación.

Bajo ninguna circunstancia deberíamos permitir que esa vibración negativa se adhiera a nuestro corazón, mente o actitud. Existe una diferencia entre comprender algo y absorberlo. **Si absorbemos el comportamiento negativo de alguien o albergamos los defectos de los demás en nuestro interior, permitimos que contaminen nuestro ser y nuestro corazón.** Al mantener lo negativo de otros en nuestro corazón, no solo se dificulta mantener la felicidad, sino que esa energía tarde o temprano se manifestará en nuestras palabras, y nosotros seremos afectados por ello. Este tipo de comportamiento nos impide tener experiencias elevadas y cuando quieras permanecer en paz o sentarte a meditar, pasarás mucho tiempo luchando contra tu propia mente ruidosa. Para esto debemos mantener un corazón limpio y estar libres de cualquier carga mental o emocional.

10. La paz es nuestro verdadero poder

La paz no es una debilidad o rendirse ante los desafíos, o dejar que las cosas pasen, o adoptar la posición de víctima. Al contrario, cuando estamos calmados adquirimos claridad. Y cuando hay claridad, nos sentimos seguros. Repito: si estuvieras en una situación de emergencia o un accidente, ¿a quién le pedirías ayuda?

Son nuestros pensamientos armónicos los que construyen el estado de paz y la realidad que vivimos. Son los pensamientos positivos y poderosos los que van a permitirnos crear y atraer las oportunidades que nos sustentarán.

Relaciones sanas a nivel familiar, laboral, personal, social.

Cuando pienso negativamente, cuando me concentro en ver los errores en vez de las cosas que sí funcionan, cuando solo veo defectos y debilidades en las relaciones, pierdo la esperanza. La calma es mi fuerza original como alma, como ser, y la quietud es la consecuencia que surge cuando dominamos la capacidad de elevarnos por encima de la influencia del cuerpo y la turbulencia en la mente.

Por ejemplo, así como la pausa o la ausencia de movimiento significa descanso para el cuerpo, el silencio y la quietud son el descanso para el alma. La quietud vive por debajo de los pensamientos, más allá de la mente. En quietud podemos discernir lo que está sucediendo dentro de nosotros y tenemos la claridad suficiente para comprender las dinámicas que existen por debajo de la superficie de cualquier situación. En quietud todo se aclara y ordena. La quietud es un respiro para el ser. Jagdish Chandra, uno de los principales maestros de la Universidad Espiritual Brahma Kumaris, a quien tuve el privilegio de conocer, dijo:

Para estar espiritualmente completo debes dominar el arte de detenerte. Saber cuándo empezar y cuándo parar es un arte. Al aprender a conducir un automóvil, debes aprender a detener el automóvil. Debes saber cuándo detenerte en un semáforo en rojo. Una de las artes de conducir es saber parar. Debes aprender a usar el freno para que no te tropieces con nadie. Solo puedes obtener una licencia para conducir, siempre que sepas *cómo detener*te. Tenemos que aprender el arte de detener el pensamiento negativo y despilfarrador. Hasta ahora nuestro pensamiento no tenía frenos o los frenos estaban rotos y no se podían usar. Aprendemos meditación para detener nuestra mente cuando lo deseamos. Las acciones negativas que resultan del pensamiento negativo son la causa de nuestro dolor y sufrimiento. Si queremos la felicidad, debemos detener las acciones negativas. Para detener las acciones negativas, necesitamos parar los pensamientos negativos.

11. Esparcir vibraciones de paz

Tan pronto salí del aeropuerto de Delhi en India, se me acercó un hombre para ofrecerme un taxi, y mientras sonreía y unía sus manos, me repetía la expresión «Om Shanti». Más tarde averigüé que «Om» significa «Yo soy» y «Shanti» significa paz. Lo que esta persona me estaba diciendo, aparte de darme la bienvenida, era «Tú eres un ser de paz». No es difícil darse cuenta del impacto positivo que generan estas dos palabras, en contraste con un mundo donde las palabras más usadas suelen ser: «Yo soy ansioso», «Estoy estresado», «No puedo más», «Me siento mal», «No me agradas». Hagamos nosotros mismos un ejercicio para notar el poder que tienen las vibraciones.

Comienza por hacer una pausa y respirar profundo.
Ahora pronuncia en voz alta estas palabras: «Yo soy paz».

Date unos instantes para notar qué sientes en tu cuerpo, en tu mente y en tu corazón.

Repítelo una vez más.

Date el tiempo para sentir las vibraciones que hay en ti.

Ahora, prueba el siguiente ejercicio:

Haz una pausa nuevamente y respira profundo.

Pronuncia en voz alta estas palabras: «Estoy estresado y cansado».

Date unos instantes para notar qué sientes en tu cuerpo, en tu mente y en tu corazón.

Repítelo una vez más.

Date el tiempo para sentir las vibraciones.

¿Pudiste sentir alguna diferencia entre ambos ejercicios? Seguramente sí. Lo que experimentaste son las diferentes frecuencias que producen las palabras y su significado. Las vibraciones de lo que pensamos o hablamos generan un impacto en nuestro estado de ánimo y a nivel emocional. Y esto, no solo repercute en nosotros mismos, sino también en aquellos que están a nuestro alrededor. Los pensamientos de baja frecuencia crean una atmósfera de baja vibración. «Yo soy paz» es un pensamiento de alta vibración y —como tú lo acabas de comprobar— crea un estado de bienestar y silencio. La mente es capaz de aquietarse en presencia de esta vibración y consigue descansar. Cuando cultivamos el hábito de generar una mayor cantidad de pensamientos elevados, esto suele reflejarse en nuestra manera de expresarnos. Hablamos de manera más pausada, clara y tranquila, lo que contribuye a una comunicación más efectiva y a relaciones más armoniosas. Este cambio en nuestra forma de comunicarnos no solo nos beneficia, sino que también impacta positivamente a quienes nos rodean, creando un ambiente de serenidad y comprensión.

Recuerdo haber tenido algunas conversaciones muy agradables con algunos de mis maestros en la India y notar cómo, entre palabra y palabra, ellos hacían pausas largas y espacios de silencio. Estas conversaciones me generaban una sensación de ser escuchado, comprendido y respetado. En contraste, he experimentado diálogos con personas que hablan rápidamente, sin pausas y a un volumen alto, y la experiencia es completamente diferente. Cuando la mente está en constante actividad y no se toma un respiro, las palabras que salen de la boca y los comportamientos que las acompañan a menudo resultan confusos y en ocasiones, tóxicos. Esta negatividad que se genera puede tener un impacto directo en las personas que nos rodean, como colegas, amigos, familiares e incluso en nuestros hijos.

Cuando compartimos palabras elevadas e inspiradoras, generamos un impacto positivo en los demás, lo cual he vivido de primera mano en las actividades de nuestra escuela de meditación. Tras concluir la actividad, las personas se acercan con muestras de agradecimiento, expresando su felicidad y satisfacción con lo que han experimentado.

Sin embargo, las palabras son insuficientes frente al poder de las «vibraciones elevadas». Aunque las personas tomen apuntes en una libreta, con el tiempo las palabras pierden su valor al carecer de la emoción que las acompañaba cuando fueron escuchadas. Definitivamente, las vibraciones dejan una huella más duradera. Por ejemplo, las vibraciones negativas pueden quedarse grabadas en la mente durante mucho tiempo.

Entonces, surge la pregunta: ¿cómo podríamos emplear palabras poderosas con vibraciones elevadas para el beneficio de los demás? ¿Cómo podríamos hacerlo?

En primer lugar, debemos eliminar las vibraciones de desperdicio de nuestra mente. Esto implica limpiar nuestro corazón de rencor. **Cuando notemos un defecto o error en alguien, debemos mirarnos a nosotros mismos y ser conscientes de que también tenemos cosas que mejorar. Si aún conservamos sentimientos de odio o resentimiento hacia alguien, no podremos vibrar con amor.** Pensar «esta persona no cambiará, es inútil intentarlo» es un desperdicio de pensamientos. No debemos desalentar a nadie, todos tienen la oportunidad y el derecho de cambiar y mejorar. Para poner esto en práctica, debemos transformar las vibraciones negativas en una actitud positiva. Las vibraciones de desperdicio actúan como un muro que bloquea las vibraciones elevadas. No importa cuán poderoso sea el sol, si hay un muro o nubes delante, su luz no puede pasar. Las vibraciones elevadas crean una atmósfera que envuelve, como el abrazo de una madre a sus hijos. De igual manera, podemos beneficiar a múltiples seres de manera rápida y eficaz. Para alcanzar las vibraciones elevadas, debemos sentarnos a meditar. Incluso podemos ofrecer este servicio a distancia, ya que las vibraciones son una energía sutil que viaja como un cohete espiritual capaz de llegar tan lejos como deseemos.

12. Principio de autorresponsabilidad para sostener la paz

Mike George, uno de mis profesores predilectos y autor de varios libros de desarrollo personal, durante una clase magistral a la que asistí, explicó de forma muy práctica cómo funciona la mente cuando perdemos la paz:

Cuando nos encontramos con alguien que no nos cae bien o escuchamos algo que nos lastima o nos molesta, reaccionamos de manera automática. En ese instante, no es la razón ni la lógica las que guían nuestras acciones, sino un mecanismo interno preestablecido, que se activa como un hábito, y nos hace responder con gritos, conductas agresivas o palabras ofensivas. A esto lo llamamos el «modo piloto automático», lo cual significa actuar sin estar plenamente conscientes. En ese momento, nuestra mente se comporta como una pantalla de cine en la que se proyectan las imágenes de lo que estamos viviendo. Por ejemplo, cuando vemos un automóvil en la calle, existen dos imágenes: una es la del automóvil real y físico que está allí, y la otra es una representación mental que observamos en la pantalla de nuestra mente.

Te animo a realizar este ejercicio de tres pasos para probar cómo funciona. Si te encuentras cerca de una ventana, observa si puedes ver un automóvil y visualiza ese vehículo como si fuera tuyo.

1. Tan pronto como ves el automóvil en la realidad, su imagen es proyectada en tu mente.
2. Como el automóvil es tuyo, te identificas y te apegas a esa imagen, y si alguien lo daña, es como si te dañara a ti.
3. Y como consideras que es injusto que lo dañen, generas la emoción del enojo dentro de ti y sufres.

Lo mismo sucede cuando te enojas con una persona. Así que ahora imagina que te encuentras con alguien que conoces y esa persona dice o hace algo que te ofende.

1. Tan pronto como ves a la persona en la realidad, la imagen de esa persona es proyectada en tu mente.
2. Como estás apegado a la imagen de la persona (cómo debería ser o comportarse), cuando no satisface tu versión o tus expectativas, pierdes el control.
3. Reaccionas creando enojo y sufres.

En nuestra mente, damos forma a nuestros pensamientos. Tomando como ejemplo el automóvil, este existe tanto en el mundo exterior como en nuestro propio pensamiento. Coexiste en ambos espacios. No obstante, el error radica en apegarnos a la imagen mental del automóvil. Nos identificamos con esa imagen, y, por lo tanto, cuando alguien lo daña, sentimos como si nos estuvieran dañando a nosotros mismos. En ese momento, surge la ira y experimentamos sufrimiento emocional. Curiosamente, si el auto perteneciera a otra persona, no lo tomaríamos de manera personal ni reaccionaríamos de la misma manera.

Solemos creer de forma errónea que lo que se encuentra fuera de nosotros es lo que nos provoca estas reacciones, pero la verdad es que somos nosotros mismos quienes generamos la ira internamente. **En realidad, nunca nos enfadamos verdaderamente con los demás, sino con nuestra propia mente.** Para dejar de reaccionar y liberarnos del sufrimiento, debemos practicar el desapego y asumir la responsabilidad de lo que creamos en nuestro interior. La imagen que sigue, ilustra este principio de autorresponsabilidad.

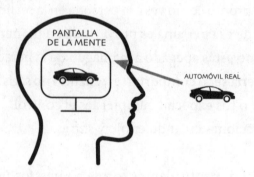

No es tanto lo que dices o haces lo que determina cómo te sientes, sino más bien cómo interpretas y manejas lo que dices o haces, lo que influye en tus emociones y sentimientos. Cuando a las personas no les gusta el resultado de algo que sucedió, tienden a querer cambiar la situación. Pero es la manera como respondemos a la situación lo que cambia todo. La situación ya pertenece al «pasado», no se puede cambiar. Es decir; cuando nos enojamos, estamos tratando de cambiar lo que no se puede cambiar.

Aquí tienes un ejemplo:

SITUACIÓN	RESPUESTA	RESULTADO
El técnico del lavarropas se comprometió a venir a arreglarlo y no vino.	Pienso que es un irresponsable por no venir ni avisar. Que me hizo perder mi tiempo.	Como resultado me enojo y me frustro y queda una huella o una herida grabada en mi.

De acuerdo con el cuadro anterior, la creencia más común es pensar que el técnico fue la causa de mi enojo. Pero no es asi. La realidad es que me enojé conmigo mismo, con mis expectativas y creé un resentimiento en mi mente. Ahora, supongamos que la semana siguiente el técnico aparece. Al verlo, resurge en mí la herida de mi enojo y vuelvo a sentirme lastimado, lo que probablemente me lleve a reaccionar de manera negativa hacia él. Este ciclo vicioso continúa agravando mi herida emocional y no aporta a la solución del conflicto.

La pregunta es: ¿cómo sanar esta situación? O dicho de otra manera: ¿cómo resolver la situación sin sentirme afectado?

- Lo primero es que tengo que cuestionarme con curiosidad, la manera como estoy percibiendo o interpretando la situación. Por ejemplo, preguntarme: ¿será que vale la pena enojarme por algo así?
- Luego, darme cuenta del principio de autorresponsabilidad: «Soy el principal responsable de mi enojo», y no el técnico, a pesar de que pueda resultar difícil admitirlo.

- Por último, perdonar. No al técnico, sino a mí mismo, por haberme herido. Además, puedo enriquecer este proceso al enviar buenos deseos al técnico. Después de todo, es un ser humano como yo y se puede equivocar.

Hay quienes defienden la idea de que el «enojo» puede ser beneficioso, considerándolo como una especie de energía motivacional. Sin embargo, respetuosamente, no comparto esta perspectiva. Desde mi punto de vista, es más bien una forma de justificar nuestras reacciones emocionales. En mi opinión, ceder al enojo equivale a infligir daño interno, un tipo de violencia hacia uno mismo que resulta agotadora. No es necesario recurrir a dañarnos para encontrar la motivación que necesitamos. Enojarse es como decir: «No estoy obteniendo lo que yo quiero, tú no estás haciendo lo que yo quiero, tú no estás siendo de la manera que quiero». Hay muchos «quiero» involucrados, mucho egoísmo.

13. Los deseos nos roban la paz

Lo que deseamos está relacionado con lo que vivimos. Por ejemplo, si vivimos en un lugar soleado, es probable que deseemos disfrutar del buen clima al aire libre. Nuestras experiencias y el entorno influyen en lo que queremos y cómo lo buscamos. A medida que cambian nuestras vidas, nuestros deseos también pueden cambiar para adaptarse a las nuevas situaciones y oportunidades. Sin embargo, el problema surge cuando nos obsesionamos con la adquisición de bienes materiales y descuidamos lo inmaterial y espiritual. Lo que ocurre es que nuestras alegrías y satisfacciones comienzan a depender exclusivamente de lo que queremos y deseamos en la vida. Esto significa que esas cosas que anhelamos, adquieren una importancia excesiva para nuestra felicidad y se vuelven una dependencia.

En la base de las enseñanzas budistas, existen las llamadas «cuatro nobles verdades», que constituyen el principio fundacional del budismo. En ellas se menciona que «la causa del sufrimiento es el deseo y que el fin del sufrimiento llega con el fin del deseo». Por otro lado, en los textos sagrados procedentes del hinduismo —el *Bhagavad-gītā*, considerado uno de los textos religiosos más importantes del mundo— se menciona que «el deseo es el enemigo del sabio», ya que el sabio no se entrega a los placeres mundanos, pues son transitorios y solo causan sufrimiento.

En el judaísmo se enfatiza la importancia de controlar y dirigir adecuadamente los deseos para evitar caer en comportamientos destructivos o pecaminosos. Por ejemplo, el concepto de «Yetzer HaRa» y «Yetzer HaTov» es una distinción que se refiere al «impulso malo» y al «impulso bueno» respectivamente. Se reconoce que los seres humanos tienen una inclinación tanto hacia el bien como hacia el mal, y es un desafío constante equilibrar y redirigir esos impulsos hacia acciones positivas y virtuosas. En el cristianismo, se reconoce que el deseo es parte de la experiencia humana, pero se enfatiza la necesidad de tener un enfoque adecuado y equilibrado en los deseos. Se insta a los creyentes a buscar la guía del Espíritu Santo, a someter sus deseos a la voluntad de Dios y a enfocarse en deseos que sean conformes a los principios y enseñanzas de la fe cristiana. En el islam, se reconoce que los deseos son parte de la experiencia humana, pero se enfatiza la necesidad de controlarlos y canalizarlos de acuerdo con las enseñanzas islámicas. Los musulmanes son alentados a buscar la satisfacción de sus deseos dentro de los límites éticos y legales establecidos por la religión.

Se puede concluir que las diferentes tradiciones religiosas abordan el tema del deseo de manera distinta, pero comparten la idea de la importancia de controlar y dirigir adecuadamente los deseos. El deseo se considera un aspecto inherente a la experiencia humana, pero su manejo adecuado es crucial para evitar el sufrimiento y el comportamiento destructivo. ¿Cómo equilibrar los deseos para que no nos afecten negativamente?

A pesar de esta explicación anterior, el tipo de pensamiento más frecuente que tendemos a crear cada día en nuestras mentes es, probablemente, el «deseo». «Quiero más tiempo», «quiero un mejor trabajo», «quiero una buena pareja», «quiero unas buenas vacaciones», «quiero que esto termine» «quiero ser perfecto». **El deseo siempre se aferra a algo material y en ese intento, si no es adecuadamente controlado y dirigido, nos roba la paz y agota nuestro poder original.** El mayor problema ocurre cuando dicho deseo no se cumple y sobrevienen el miedo, la ira, la tristeza, la ansiedad y el estrés. Cuando hemos invertido nuestra felicidad en algo del mundo que supuestamente debería satisfacernos en el futuro, hipotecamos nuestra paz y libertad. De esta manera, postergamos nuestra felicidad mientras esperamos que algo en el mundo suceda para que nos haga felices en algún momento en el futuro. La pregunta es cómo salir de esta trampa:

- Lo primero que puedes hacer es ser consciente de tus deseos y de cuántas veces al día deseas algo.
- Luego, reconoce el pensamiento que contiene el deseo. Obsérvalo desde la distancia sin juzgarlo y déjalo pasar.
- Entiende que todo deseo vive en el futuro, así que trae tu atención al presente. Tu ancla puede ser la respiración.
- Estando en el ahora, considérate completo y agradece tu existencia. Puedes afirmar: «Tal como soy, soy suficiente», «Soy un ser completo, no me falta nada», y «No requiero nada para ser feliz, todo lo necesario está en mi interior».
- Por último, sé el protagonista de tu bienestar, sé quien elige cómo te quieres sentir.

Resumen de la parábola del Rey Midas y el Toque de Oro:

Había una vez un rey llamado Midas que deseaba más que cualquier otra cosa en el mundo tener la habilidad de convertir todo lo que tocara en oro. Un día, su deseo se hizo realidad cuando el dios Dionisio le concedió el toque de oro como recompensa por un acto de bondad. Al principio, el Rey Midas quedó maravillado por su nueva habilidad y comenzó a convertir todo lo que tocaba en oro, incluyendo comida y objetos preciosos. Sin embargo, pronto se dio cuenta de que su deseo tenía un lado oscuro: no podía abrazar a su hija ni disfrutar de la comida, ya que todo se convertía en oro al tocarlo. Desesperado, Midas buscó a Dionisio y le pidió que le quitara el toque de oro. Dionisio, viendo la lección que Midas había aprendido sobre el valor de las cosas simples y el amor por encima de la riqueza, accedió a su petición y le devolvió su vida normal.

Esta parábola nos enseña sobre la importancia de no dejarnos llevar por deseos excesivos de riqueza o poder, y cómo a veces, lo más valioso en la vida son las cosas simples, como el amor y las relaciones humanas. ¿qué enseñanzas obtienes tú de esta historia?

14. Reflexiona sobre este capítulo

- ¿Por qué crees que muchas personas buscan la paz externamente, olvidándose de que ya la llevan dentro de sí mismas?
- ¿Cuál es la importancia de aceptar las situaciones sin identificarnos con ellas para alcanzar la paz interior?
- ¿Cómo crees que la calidad de nuestros pensamientos afecta nuestra paz mental y nuestras relaciones con los demás?
- ¿Qué significa para ti la afirmación «Yo soy paz»? ¿Cómo puedes integrar esa idea en tu vida diaria?

- ¿Qué cambios podrías hacer en tus pensamientos para cultivar una mente más pacífica y atraer relaciones más saludables en todas las áreas de tu vida?

15. Preguntas y respuestas

Pregunta: Tengo tres hijos chicos y mi casa es por momentos un caos. ¿Cómo puedo hacer para tener paz?

Respuesta: En este capítulo hemos compartido cómo la paz no está vinculada a factores externos. El verdadero secreto reside en cambiar el enfoque de atención de nuestros hijos a nosotros mismos. Por ejemplo, si nos tomamos el tiempo cada mañana para empoderarnos y recobrar nuestra energía, estaremos mucho mejor preparados para manejar y tolerar los comportamientos de nuestros hijos. Cuando nos encontramos débiles y agotados, cualquier conducta de ellos puede irritarnos; sin embargo, si nos sentimos fuertes, podremos abordar sus acciones con calma y serenidad. En resumen, el enfoque no debe ser cambiarlos a ellos, sino que cambies tú mismo. Claro, esto requiere esfuerzo y coraje, pero de esta manera nos convertimos en los protagonistas de nuestro bienestar y alcanzamos la anhelada paz, incluso en medio de la convivencia con nuestros seres más queridos.

Pregunta: ¿Cómo puedo perdonar y soltar rencores, y conseguir la paz interior?

Respuesta: Primero, comienza por reconocer tus sentimientos. Permítete sentir y validar las emociones que surgen del rencor y la herida. Reconoce que es normal sentirse así, pero también nota que estas emociones pueden ser perjudiciales para tu bienestar a largo plazo. Luego, acepta que no puedes cambiar el pasado. Lo que sucedió ya no se puede modificar. Concentrarte en el presente y en construir un futuro más positivo puede ayudarte a liberar la energía que has estado dedicando al rencor. También es importante que reflexiones sobre lo que sucedió y cómo te afectó. Intenta entender las circunstancias desde la perspectiva de la otra persona, lo que no implica que justifiques sus acciones, sino que intentes ver más allá de tu propio dolor. Y, por último, comprende los beneficios del perdón. Perdonar no es un acto de aceptar o justificar lo que sucedió, sino una liberación personal. Al perdonar, te liberas de la carga emocional y el resentimiento que pueden estar afectando tu paz interior.

16. Meditación guiada | Paz interior
(duración aproximada 20 minutos)*

Bienvenido a esta meditación guiada para experimentar tu paz interior. Una de las principales habilidades que podemos cultivar en nuestras vidas es aprender a tener paz en la mente. El entrenamiento que nos brinda la práctica de la meditación nos permite, con el tiempo, ir reconociendo y manejando de manera saludable nuestras emociones, pensamientos y reacciones, y con el tiempo

---

* Puedes escuchar el audio de esta meditación escaneando el primer código QR que aparece en el libro.

podemos educar la mente para que esté más calma. Te propongo explorar juntos esta posibilidad.

Comienza por buscar la postura adecuada que te ayude a crear una actitud de apertura y aceptación. Relaja el cuerpo, ajusta la posición de la espalda, abre el pecho y suelta los hombros. Deja tus brazos descansando a los lados del cuerpo y tus manos sobre las piernas. También puedes relajar tus mandíbulas, tu rostro y tu frente. Si deseas, puedes mantener tus ojos cerrados, como prefieras.

Si bien has estado respirando todo el día, vuélvete consciente de la respiración en este momento. Prueba tomar tres respiraciones suaves y lentas, inhalando y exhalando por la nariz, si es posible para ti. Permanece con las sensaciones que sientes en este momento.

Como estuvimos viendo en este capítulo, la paz que buscamos ya está dentro de nosotros; es nuestro estado original y siempre podemos acceder a ella. No depende de nada externo, está en nuestro interior, lista para ser descubierta en cualquier momento. La paz es nuestra naturaleza original y depende de la calidad de nuestros pensamientos.

Permanece conectado con la paz durante unos momentos, simplemente siendo consciente de tu respiración y de la paz que te rodea. Si en algún momento aparecen pensamientos negativos, no te preocupes, simplemente adopta la actitud de un observador, déjalos pasar como nubes en el cielo y vuelve a enfocarte en la paz que eres. Usando esta metáfora, cada nube representa un pensamiento, una preocupación o una emoción que pasa por tu mente.

Imagina cómo esas nubes se forman, aparecen y desaparecen, sin aferrarte a ninguna de ellas. Toma cierta distancia y observa cómo las nubes llegan, se mueven y luego se van, llevándose consigo cualquier inquietud o ansiedad que puedas tener.

El cielo representa tu mente en su estado natural: tranquila, abierta y serena. Las nubes pueden aparecer y moverse en el cielo, pero el cielo siempre permanece presente, imperturbable y en paz.

Reconoce que, al igual que las nubes vienen y van, los pensamientos y las emociones también vienen y van. No tienes que hacer nada con ellos, permíteles flotar en tu mente sin juzgarlos ni apegarte a ellos. Los pensamientos se autoliberan, aunque tú no hagas nada.

Ahora, a medida que te sumerges más en esta experiencia, sé consciente de tu respiración y siente cómo la paz fluye a través de ti con cada inhalación. Y cuando exhalas, imagina que estás liberando cualquier tensión, preocupación o pensamiento negativo. Siente cómo esos pensamientos se disuelven y se desvanecen en el cielo.

Ahora lleva tu atención a ese punto en el centro de tu frente, al que hemos llamado el ser o el alma, justo entre tus cejas. Siente la energía que está presente ahí. Ese punto es luz y esa luz eres tú, es tu esencia. Siente cómo te conectas con tu verdadero ser, más allá de cualquier etiqueta o identificación.

Ahora te invito a que repitas la siguiente frase en tu mente y te permitas sentir: «Yo soy el ser, soy el alma». Siente los sentimientos que emergen de esta afirmación. Siente la paz y la calma que provienen de reconocer tu verdadero ser.

Repite en tu mente: «Mi naturaleza original es la paz». Siente cómo las olas de paz remueven cualquier tensión o preocupación en tu mente. Deja que la paz te inunde completamente.

En este momento, siente que hay solo paz a tu alrededor y dentro de ti. Siente cómo tu mente está en calma, y cómo te sientes en paz. Siente la estabilidad y la seguridad en este lugar tranquilo dentro de ti.

Siente cómo tu mente se vuelve más clara y tranquila y como el cielo se va despejando después de que las nubes han pasado.

Recuerda que la paz no es una debilidad, sino una fortaleza. Cuando estás en paz, adquieres claridad y ves las cosas con mayor perspectiva y comprensión. De esta manera, puedes construir relaciones saludables y armoniosas en todos los aspectos de tu vida.

Ahora, toma una nueva respiración y comienza a traer tu conciencia de vuelta al entorno que te rodea. Abre suavemente los ojos cuando te sientas listo. Lleva contigo este estado de paz interior en tus próximas actividades.

Recuerda que siempre puedes regresar a este lugar de paz dentro de ti cuando lo necesites. Practica esta meditación regularmente para cultivar y mantener paz en tu mente y en tu vida.

¿Cómo fue la experiencia? ¿Cómo te sientes al reconocer que la paz ya está dentro de ti y que solo necesitas acceder a ella?

Como vimos en la meditación, la paz interior es un estado innato que está siempre disponible para nosotros. A menudo, buscamos la paz en el exterior, pero esta meditación nos recuerda que la paz esencialmente surge de nuestros propios pensamientos y actitudes internas.

¿Cómo te impacta la metáfora de las nubes en el cielo y cómo las relacionas con tus pensamientos y emociones?

Al ver cómo las nubes vienen y se van en el cielo, podemos aplicar este enfoque a nuestros pensamientos y emociones, permitiéndoles aparecer y desvanecerse sin aferrarnos a ellos. Esto nos ayuda a cultivar una mayor aceptación y fluidez en relación con nuestras experiencias mentales y emocionales.

17. Práctica para casa | Cultivar la paz

Te propongo una dinámica relacionada con la paz, que puedes realizar en tu casa. Esta dinámica te ayudará a reflexionar sobre tu paz interior y cómo cultivarla en tu vida diaria. Sigue los pasos a continuación:

Nombre de la dinámica: «Tu lugar de paz».
Materiales necesarios: papel y lápices de colores.

Instrucciones

• **Preparación.** Busca un lugar tranquilo y cómodo en tu casa donde puedas concentrarte sin interrupciones. Toma una hoja de papel y lápices de colores que desees utilizar.

• **Visualización.** Cierra los ojos y toma tres respiraciones conscientes para relajarte y estar presente. Imagina que te encuentras en un lugar donde sientes paz y serenidad. Visualiza ese lugar elegido con la mayor cantidad de detalles. Puede ser un lugar conocido o inventado. Por ejemplo: una playa, un lago, un jardín, un camino, el cielo, etc., un lugar que te haga sentir tranquilidad y armonía.

- **Elementos de tu lugar.** En la hoja de papel, dibuja ese lugar que representa tu paz interior. Puedes utilizar diferentes colores y formas para expresar lo que significa la paz para ti. Incluye elementos que consideres importantes para cultivar esa paz interior. Por ejemplo: flores que representen la armonía, árboles que simbolicen la fortaleza, fuentes que representen la calma, entre otros.

- **Reflexión.** Una vez que hayas terminado de dibujar tu lugar de paz, reflexiona sobre cada elemento que hayas incluido. ¿Qué representa cada uno en tu búsqueda de paz interior? ¿Cómo puedes incorporar esos elementos en tu vida diaria para cultivar la paz en tu mente y corazón?

- **Plan de acción.** En la misma hoja de papel, escribe un plan de acción con pasos concretos que te ayuden a cultivar la paz interior. Puedes establecer pequeñas metas diarias o semanales que te acerquen a ese estado de paz que deseas alcanzar. Por ejemplo, meditar diez minutos al día, practicar la gratitud antes de dormir, realizar ejercicios de respiración cuando te sientas con estrés, etc.

- **Contemplación.** Una vez que hayas terminado, tómate unos minutos para contemplar tu lugar de paz interior. Visualiza cómo esos elementos se integran en tu vida diaria y cómo contribuyen a tu bienestar emocional y mental.

Lección 5

En el silencio, te reconoces. En el ruido, te pierdes

*Para sintonizar conmigo, voy más allá del eco de los
pensamientos, del eco de los sentimientos, y especialmente más
allá del eco del qué, cómo, cuándo, quién, por qué.*

ANTHONY STRANO

¿Eres adicto al ruido? ¿Te desesperas cuando tienes que esperar tu turno para dar tu opinión en una reunión? ¿Te sientes mal por tener que viajar en silencio si te has olvidado tus auriculares? ¿Acostumbras encender la televisión o poner música al llegar a casa para llenar el silencio? Es posible que también necesites ocupar cada espacio de silencio para sentirte bien y acompañado. No te preocupes, no eres el único que lo hace.

Saber estar solo y en silencio por elección es un arte. Para la mayoría de las personas, resulta desafiante encontrarse a solas consigo mismas. Muchos han crecido en entornos ruidosos, repletos de conversaciones e incluso gritos. Esto dificulta el apaciguar el ruido en la mente, convirtiéndose en un desafío abrumador. Sin embargo, si no aprendemos a estar solos, cada vez nos sentiremos más vacíos. A menudo, se piensa que la felicidad solo es posible en compañía de otros, compartiendo conversaciones, risas y momentos de diversión. No obstante, descubrir el valor de la soledad nos permite despertar nuestra paz interior y nuestra alegría, y experimentar bienestar en cualquier lugar y con cualquier persona. Ya no dependemos de los demás para sentirnos plenos y, además, irradiamos una alegría desbordante que compartimos con los demás. En el mundo actual, pasamos la mayor parte del tiempo conectados con el exterior, observando a los demás, juzgando situaciones e identificándonos con roles. Sin embargo, existe una medicina que nos enseña a disfrutar de nuestra propia compañía y a estar solos: la meditación. A través de la meditación, nos sumergimos en nuestro interior y volvemos a nuestro hogar: el presente. En ese espacio íntimo, encontramos la liberación, nos relajamos y nos mostramos tal como somos. Nos sentimos cómodos, seguros y plenos. Cada vez que experimentemos tristeza, miedo o enojo, podemos regresar a ese refugio interior, y hallar paz y serenidad.

Una frase del reconocido autor de *bestsellers*, Wayne Dyer, dice así: «Los pensamientos emergen de la nada del silencio. Las palabras salen del vacío. Tu misma esencia surgió del vacío. Toda creatividad requiere algo de quietud».

1. La puerta que abre el silencio

Sumergirse en el silencio es una puerta hacia el autodescubrimiento y la conexión profunda con uno mismo. En ese estado de quietud y calma, nos abrimos a la experiencia de reconocernos verdaderamente. Dejamos de lado el ruido del mundo exterior y nos volvemos conscientes de nuestro mundo interior: nuestros pensamientos, sentimientos, emociones y patrones mentales. En este espacio sagrado nos encontramos cara a cara con nuestro verdadero ser, más allá de los roles y las máscaras que a menudo usamos para protegernos o evadirnos en la vida cotidiana. El silencio nos invita a un viaje de autorreflexión y autoconocimiento, en el cual exploramos y nos alineamos con nuestra sabiduría interna. En este espacio de quietud, nuestras preguntas más esenciales encuentran respuestas y experimentamos una profunda transformación personal. Es un espacio donde podemos encontrar nuestra paz interior, nuestra verdadera voz y nuestro propósito en la vida.

Por otro lado, cuando nos dejamos atrapar por el ruido y la distracción externa, nos perdemos en la confusión y la dispersión. El constante ajetreo del mundo nos aleja de nosotros mismos, de nuestras necesidades y de nuestra conexión espiritual. Nos sumergimos en una tormenta de pensamientos que no cesan y nos vemos arrastrados por las demandas y expectativas externas. En este estado de ausencia, es fácil perder de vista quiénes somos realmente y qué es lo más importante en nuestras vidas. El ruido nos desvía de nuestro camino y nos lleva a una búsqueda constante de satisfacción externa. Nos distrae y dificulta escuchar nuestra verdadera voz, llevándonos a tomar decisiones basadas en lo que opinan otros y no en nuestra propia verdad interior.

En cambio, el silencio nos brinda una oportunidad para encontrarnos, escucharnos y conocernos de forma auténtica. Nos recuerda quiénes somos realmente. Nos permite reconectar con nuestra paz interior, nuestra sabiduría y nuestro propósito en la vida. Al abrazar el silencio, encontramos un refugio sagrado en el que podemos cultivar un mayor equilibrio y armonía en todas las áreas de nuestra vida. Es importante tener en cuenta que el silencio no se trata solo de la ausencia de ruido externo, sino también de calmar la mente y encontrar la serenidad interior. A través de la práctica regular del silencio, descubrirás un tesoro invaluable dentro de ti mismo y experimentarás una transformación profunda. Deja que el silencio guíe tu camino de regreso y permítete reconocerte en tu verdadera esencia. Te deseo un camino lleno de silencio y autenticidad en tu búsqueda personal.

2. Los mitos del silencio

Existen varios mitos relacionados con el silencio que pueden obstaculizar nuestra comprensión y práctica de esta poderosa herramienta espiritual. A continuación te ofrezco algunas ideas para que reflexiones por ti mismo.

• **El silencio es solo la ausencia de palabras**. El primer mito es pensar que el silencio se limita únicamente a no hablar. Sin embargo, el silencio va más allá de eso. No se trata solo de cerrar la boca, sino de aquietar la charla constante de nuestra mente. El verdadero silencio implica reducir y calmar los pensamientos y, como consecuencia, aquietar la intensidad de las emociones, creando un espacio de paz interior.

• **El silencio es aburrido o pasivo**. Otro mito común es considerar el silencio como una experiencia aburrida o pasiva. Sin embargo, esta percepción cambia por completo cuando te conoces en profundidad. En el silencio, reconoces quién eres realmente, descubres la maravillosa persona que hay en ti y te das cuenta de todo lo que te estabas perdiendo. Es imposible que te aburras cuando reconoces ese tesoro lleno de misterios que tú eres.

- **El silencio significa aislamiento**. Algunas personas asocian el silencio con el aislamiento social o físico. Sin embargo, el silencio no implica necesariamente estar solo o aislado de los demás. Se puede practicar tanto en la compañía de otros como en momentos de soledad. De hecho, podrías estar rodeado de personas y sentirte completamente solo. El silencio se trata más bien de una actitud interna de calma y quietud, más allá de las circunstancias externas.

- **El silencio es difícil de lograr**. Muchos piensan que el silencio es algo difícil de alcanzar, en especial en un mundo lleno de distracciones y ruido constante. Sin embargo, el silencio es accesible para todos nosotros. Requiere práctica y paciencia, pero todos podemos encontrar momentos de silencio en nuestra vida diaria. Puedes comenzar por agendarte un espacio en la mañana para estar en silencio, basta con diez o quince minutos para empezar; te aseguro que esto tendrá un impacto significativo en tu salud y bienestar.

- **El silencio significa evadir la realidad**. Algunas personas pueden percibir el silencio como una forma de evadir los desafíos y las responsabilidades de la vida: «A vos no te interesa nada», «no tomas posición u opinas», «estás en tu propio mundo»; sin embargo, el silencio nos brinda una oportunidad para enfrentar la realidad de manera más consciente y equilibrada. Nos permite tomarnos una pausa para reflexionar y abordar las situaciones desde un lugar de mayor claridad y sabiduría, sin apurarnos y conectándonos con nuestro corazón para tomar decisiones.

Es importante superar estos mitos y explorar el verdadero significado y potencial del silencio en nuestras vidas. Al abrazar el silencio como una práctica regular, podemos experimentar una transformación profunda en nuestra salud mental, emocional y espiritual.

3. Lo que dice la ciencia sobre el silencio

El silencio es un regalo tan maravilloso que a menudo pasa desapercibido en nuestro ajetreado mundo. Un artículo reciente publicado por la Agencia Europea de Medio Ambiente dice que vivir cerca de una carretera, vías del tren o aeropuerto puede ser algo más que una simple molestia: al menos una de cada cinco personas en la Unión Europea está expuesta a niveles de ruido a largo plazo que se consideran nocivos para su salud. Los problemas de salud relacionados con estas exposiciones incluyen molestias, trastornos del sueño y problemas cardiovasculares y metabólicos. También puede afectar la capacidad de aprendizaje de los niños. Se calcula que la exposición a largo plazo al ruido ambiental provoca que unos veinte millones de personas sufran grandes molestias crónicas y 6,5 millones, alteraciones del sueño graves y crónicas.

Últimamente, muchos estudios científicos están arrojando luz sobre los efectos profundos y beneficiosos que el silencio puede tener en nuestra salud y bienestar. La prueba de esto es la cantidad de propuestas que existen hoy en día para pasar tiempo en silencio, como los retiros y otras actividades afines, para estar en soledad con nosotros mismos. La investigación científica ha revelado que sumergirnos en el silencio tiene un impacto directo en nuestro sistema nervioso, al reducir los niveles de estrés y disminuir la presión arterial. Al tomarnos un respiro del constante ruido y estimulación externa, el silencio permite que nuestro sistema nervioso se relaje y se recupere, brindándonos una sensación de calma y serenidad. Pero los beneficios del silencio no se detienen allí. Los científicos han descubierto que el silencio tiene la capacidad de estimular el crecimiento y la regeneración de las células cerebrales, mejorando nuestra función cognitiva y potenciando nuestra capacidad de atención y concentración. En un mundo lleno de distracciones y sobrecarga de información, el silencio se convierte en un verdadero oasis para nuestra mente, permitiéndonos pensar con claridad y encontrar soluciones creativas a los desafíos que enfrentamos.

El silencio tiene impactos sorprendentes en nuestro cerebro, según la investigación publicada en 2013 por Imke Kirste, biólogo de la Facultad de Medicina de Duke, a la que tituló «El silencio es oro». Descubrió que el silencio está relacionado con el desarrollo de nuevas células en el hipocampo, una región cerebral vital para el aprendizaje y la memoria. ¿A qué nos referimos con «silencio»? Kirste aclara que no se trata solo de no hablar, sino de descansar los impulsos mentales que constantemente nos incitan a tener una opinión o responder. Es liberarnos de la presión de pensar en qué decir todo el tiempo. Es en ese momento cuando la mente encuentra reposo y se aquieta en el silencio. **La ciencia moderna está demostrando ahora algo que en Oriente conocen desde tiempos ancestrales: que el silencio puede ser justo lo que necesitamos para regenerar nuestros cuerpos y cerebros agotados.**

En el año 2001, Marcus Raichle, investigador de neurociencia en el Instituto Nacional de Salud e Investigación Médica de Francia descubrió que un cerebro en reposo consume tanta energía como cuando está completamente activo, y a esta actividad cerebral en estado de reposo la denominó «energía oscura». Ahora sabemos que ese silencio cerebral le permite regenerarse y recargarse. Además, se ha demostrado que tan solo dos minutos de silencio son suficientes para disminuir la presión arterial y reducir el ritmo cardiaco, lo que tiene un impacto positivo en nuestra salud cardiovascular.

Un estudio de 2006 en la revista científica *Heart*, llamado «El sonido del silencio es música para el corazón», comprobó que dos minutos de silencio alivian la tensión en el cuerpo y el cerebro y son más relajantes que escuchar música. Esto se atribuyó a cambios en la presión arterial y la circulación sanguínea en el cerebro.

Estos descubrimientos científicos respaldan la importancia del silencio en nuestras vidas. El silencio brinda un espacio para la regeneración cerebral, el desarrollo de nuestra creatividad y la consolidación de nuestra memoria. Además, desempeña un papel crucial en nuestra salud mental y emocional. Al proporcionar un espacio libre de estímulos externos, podemos cultivar una mayor conciencia de nosotros mismos. En este espacio de silencio, encontramos la paz interior y la sabiduría necesarias para enfrentar los desafíos de la vida de manera más equilibrada y consciente. Y tú, ¿cuál es tu relación con el silencio? Te propongo que a partir de hoy busques momentos de tranquilidad y crees espacios de silencio en tu vida. Sumérgete en ese silencio sanador del que nos habla la ciencia y descubre sus múltiples beneficios. Algunas ideas pueden ser: Dedicar unos minutos al día para sentarte en silencio, enfocarte en tu respiración y liberar tu mente de pensamientos negativos. Hacer paseos en la naturaleza, meditar, desconectarte de internet de vez en cuando y crearte un espacio cómodo en tu hogar para estar solo y reflexionar.

4. El silencio sana la mente

La tendencia es pensar que lo opuesto al silencio es el ruido, pero el silencio no es simplemente la ausencia de ruido o vacío, sino, más bien, una sensación de armonía. Quizá recuerdes la última vez que estuviste en contacto con la naturaleza y sentiste tranquilidad y paz. Aunque pudieras percibir el canto de los pájaros, la lluvia, el viento, el mar o el movimiento de las hojas de los árboles, esos sonidos se experimentaban como un concierto armonioso de calma, dando la sensación de un completo silencio. ¿Es así, verdad? Las personas suelen desear escapar del ruido de las ciudades para estar en contacto con la naturaleza, ya que los ruidos disonantes generan malestar, inquietud o estrés. De manera similar, las personas a menudo tienen demasiado ruido en sus mentes: pensamientos negativos, destructivos o inútiles. Estos pensamientos no cooperan para generar armonía mental, por el contrario, causan más ruido. Uno de los principales desafíos para meditar es el exceso de pensamientos. Muchas personas que vienen a los cursos de meditación dicen que no soportan tener tantos pensamientos, que sus cabezas van muy rápido, que no pueden detener sus ideas o que no paran de pensar. No es que pensar o razonar sea malo, pero si la actividad mental es constante y sin pausa, la mente se acostumbra a recibir mucha información y a saltar de un tema al otro, como un mono que salta de rama en rama. Para mantener la mente calma y afinar la atención y la concentración, necesitamos poca información y de buena calidad. Cuando logramos enfocarnos en unos pocos pensamientos armoniosos, experimentamos la sensación de paz y silencio.

Uno de mis profesores de meditación decía: «Cuando entras en un estado de sosiego, abres el tesoro del equilibrio y la armonía. Con este único pensamiento, "Soy un ser de paz", la mente se desconecta de las corrientes externas negativas y se conecta con tu yo original, pacífico». Si nos mantenemos concentrados con el pensamiento «Yo soy paz» durante unos minutos, podemos experimentar la sensación de paz y silencio. Esta es la base de la meditación. Aprendemos a quitar la atención a toda la información innecesaria y superflua, y la mente se calma.

La pregunta es: ¿cómo evitar llenar la mente con información que solo genera ruido y no nos aporta bienestar? A menudo, sin siquiera notarlo, llenamos la mente con ideas y conceptos superfluos que no necesitamos. **Aprender a vivir una vida más sencilla implica tener menos información, menos pensamientos, menos palabras y más silencio.** Meditar es soltar, limpiar y desprendernos de los excesos de la mente. No se trata de intentar vaciarla o dejarla en blanco, ni de luchar contra ella. La naturaleza de la mente es pensar, por lo que siempre habrá pensamientos. Tan solo observamos el flujo mental con apertura y sin juicio, aceptando tanto lo positivo como lo negativo, reconociendo que no somos nuestros pensamientos. ¿Y qué sucede con el tiempo y la práctica? Pues disciplinamos y entrenamos la mente y poco a poco logramos entrar en espacios de no pensar que nos conectan con un silencio profundo donde nos permitimos que haya solo algunos pensamientos. Es en esta orquesta armónica de sonidos donde experimentamos la sensación del verdadero silencio.

5. Explorando la transformación a través de un retiro de silencio

Una de las personas más importantes en mi camino de crecimiento espiritual ha sido la profesora Moira Lowe, directora de Brahma Kumaris para Argentina. Hace aproximadamente veinte años, tuve el privilegio de conocerla durante un retiro en las afueras de Buenos Aires. Recuerdo claramente cuando me dijo: «Silvio, si deseas dar un salto significativo en tu crecimiento espiritual, no dudes en hacer un retiro». Fue entonces cuando comprendí que era el momento adecuado para anotarme en esta experiencia transformadora. Los retiros espirituales pueden variar en su enfoque, desde aquellos que se centran en experimentar virtudes específicas, hasta retiros de silencio que pueden durar cinco, diez o incluso veinte días, en que la meditación contemplativa y el silencio son el centro de atención.

En diciembre de 2015, me preparé con una pequeña valija y me inscribí en un retiro de silencio de 10 días en las afueras de Buenos Aires. Al llegar al lugar, fuimos recibidos por voluntarios que nos pidieron entregar todos los objetos que pudiéramos llevar para evitar distracciones durante el retiro: teléfonos celulares, libros, lapicera, etc. Todos estos elementos se guardaron en una bolsa especial que nos sería devuelta al final del retiro. La idea principal era desconectarnos del ruido y las distracciones para crear un espacio de tranquilidad. Para mí, este retiro resultó una experiencia increíble y una oportunidad invaluable para explorarme en un nivel más profundo y desarrollar una mayor autoconciencia. Pude aclarar mi mente, enfocarme y renovar mis energías mentales y físicas.

Por supuesto, alejarme de la ciudad también me permitió conectar con la belleza y serenidad de la naturaleza que nos rodeaba, lo cual resultó muy reconfortante. Con el pasar de los días, me di cuenta de que algunos participantes no pudieron completar la experiencia y partieron antes. Personalmente logré llegar hasta el final. Años más tarde, tuve la oportunidad de comenzar a organizar retiros de silencio en Uruguay junto con mi equipo en Escuela Sati. Esta experiencia ha sido un gran aprendizaje y sigue siéndolo hasta el día de hoy.

6. ¿Qué se puede aprender durante un retiro de silencio?

Tendrás la oportunidad de participar en actividades como meditación, caminatas en la naturaleza, movimientos conscientes y ejercicios de reflexión personal. Estas prácticas te ayudarán a observar tus pensamientos y emociones sin juzgarlos, lo cual te permitirá liberarte de apegos y expectativas, y estar plenamente presente en el momento actual. Es importante tener en cuenta que un retiro de silencio también puede presentar desafíos. Al principio, es posible que te sientas incómodo con la soledad y te enfrentes a pensamientos que normalmente evitas. Además, la falta de estímulos externos puede resultar extraña si estás acostumbrado a la constante distracción. Es posible que tu mente se resista al silencio e intente llenarlo con pensamientos y distracciones. No te preocupes, ya que estos desafíos son oportunidades para crecer y sanar. Lo digo por experiencia.

Si decides apuntarte a un retiro de silencio, te sugiero que te prepares mentalmente unos días antes y establezcas tus intenciones y expectativas. Busca un retiro con facilitadores experimentados y una estructura adecuada y seria. La comida suele ser saludable y puede incluir opciones vegetarianas o veganas. No importa si eres nuevo en la meditación o en el silencio, los retiros de silencio están diseñados para personas de diferentes trayectorias. Puedes aprender mucho de otras personas y sus perspectivas. Además de los beneficios mencionados anteriormente, el silencio tiene un papel fundamental en nuestra salud mental y bienestar en general. Nos regala un espacio de calma y quietud en medio del ajetreo y la velocidad de la vida moderna. Al permitir que nuestra mente se desconecte de la conversación constante, el silencio nos ofrece un tiempo para descansar y rejuvenecer. Al renovar y recargar nuestras energías, podemos regresar a nuestras vidas cotidianas con una mayor vitalidad y motivación para disfrutar de nuestras relaciones cercanas, y escuchar y comprender a los demás de manera más profunda. **Al estar en silencio, podemos abrirnos a la escucha empática, fortaleciendo nuestras relaciones cercanas y creando una comunicación más auténtica y significativa.** También nos permite estar plenamente presentes durante los momentos compartidos, enriqueciendo nuestras interacciones y permitiéndonos disfrutar y nutrir nuestras relaciones personales. El último día del retiro se nos invita a romper el silencio gradualmente y empezar a hablar con los demás participantes. Esta etapa es muy interesante: resulta curioso que la mayoría de las personas suele decir que ya no siente la necesidad de hablar y prefiere seguir en silencio.

7. La importancia del silencio en mi crecimiento personal

Después de mi primer retiro de silencio, he tenido la oportunidad de participar en muchos otros en diferentes lugares del mundo, lo cual ha tenido un papel crucial en mi crecimiento personal. Estos retiros me han permitido explorar mi mundo interior y comprender mejor mis sentimientos más profundos. Recuerdo que durante un retiro en la India tomé una decisión determinante en mi vida. A pesar de haber trabajado como profesor de diseño gráfico en una universidad durante casi veinte años, sentí que no lograba realizarme plenamente a nivel personal y profesional. Estando en silencio tuve la revelación de que necesitaba dejar el trabajo frente a la pantalla de la computadora y enfocarme en estar más conectado con las personas. Así comenzó mi transición hacia mi actual profesión, que en realidad es mi pasión: ser instructor de meditación, *coach* y escritor.

El sabio Confucio dijo: «Elige un trabajo que te guste y no tendrás que trabajar ni un día de tu vida», así que pude visualizarme trabajando con personas, ayudándolas e inspirándolas a alcanzar su mejor versión, conectar con sus sueños y alinear sus vidas con un mayor bienestar y felicidad. Aquel retiro me permitió visualizar mi verdadero propósito y alinearme con una vocación que hoy me da gran satisfacción y felicidad.

El silencio también ha transformado mis relaciones personales, incluyendo la relación conmigo mismo. He aprendido a escucharme tanto como a escuchar a los demás, y lo más importante, he aprendido a valorarme en toda mi dimensión. He desarrollado la habilidad y el gozo de estar en paz con mis propios pensamientos, lo cual me ha vuelto más sensible a mis propias necesidades y a las de los demás. Estar en soledad con mis pensamientos y mi voz interior ha sido esencial para conocerme a mí mismo y tomar decisiones más sabias. El silencio me brindó un espacio valioso para explorar mi verdadero propósito y encontrar la satisfacción y plenitud que estaba buscando.

8. ¿Qué hacer en el silencio?

Esta es una pregunta que muchos me hacen. ¿Será que tengo que vaciar la mente de pensamientos o tengo que dejarla en blanco? Ninguna de estas dos opciones es natural y es importante que no alteremos la naturaleza original de la mente, que es pensar. Lo que hacemos cuando nos sentamos a meditar en silencio es aceptar los pensamientos tal y como son, sin juzgarlos ni resistirnos a ellos. **Muchas veces, creemos que para resolver los problemas lo único necesario es pensar, razonar o analizar; sin embargo, esto muchas veces es contraproducente, ya que genera un ruido mental que nos impide comprender con claridad.** En cambio, el silencio nos permite acceder a nuestra sabiduría interna y resolver lo que necesitamos, equilibrando la razón con la intuición, es decir, no solo pensando sino sintiendo. A muchas personas les da miedo estar en silencio porque piensan que pueden quedar aisladas de los demás; sin embargo, es lo opuesto, ya que el silencio nos permite estar verdaderamente presentes con los otros y escuchar sus comentarios sin juzgarlos o interrumpirlos. Esto es de un enorme respeto.

En el silencio, también aprendemos a sintonizar con las señales que nuestro cuerpo y mente nos envían. **El lenguaje de la mente son los pensamientos, el lenguaje de las emociones son los sentimientos y el lenguaje del cuerpo son las sensaciones físicas.**

Si estamos atentos, podemos captar esas señales. Tomarnos un momento de silencio nos permite escucharnos a nosotros mismos y comprender nuestras necesidades y, cuando sabemos lo que necesitamos, sabemos lo que tenemos que hacer. A este proceso se lo conoce como «conocerse a uno mismo». En el espejo del silencio, podemos contemplar nuestro verdadero ser, donde nuestra identidad espiritual se manifiesta de manera tangible. Una vez que hemos aprendido a escucharnos, también disfrutamos escuchando a los demás. Lo que ofrecemos desde el corazón se refleja en la calidad de nuestras relaciones, permitiendo que el amor florezca. Y es el amor lo que realmente da sentido y valor a nuestra vida.

9. Dadi Janki, una experiencia de silencio

Dadi Janki fue una de mis principales maestras en la India. Ella fue una líder espiritual y administradora de la organización Brahma Kumaris a quien tuve la fortuna de conocer en 1998 en la India. Ella destacaba la importancia del silencio como una práctica espiritual y una herramienta para la transformación personal. Para Dadi, el silencio era una forma de crear un espacio interior para conectarse con lo divino y encontrar la paz interior. Solía decir que en el estado de silencio interior podemos experimentar momentos de profunda introspección, inspiración y conexión con Dios o con la verdad espiritual. Dadi consideraba el silencio como un medio para renovar y purificar la mente, liberándola de pensamientos negativos o dañinos. También enfatizaba la importancia de llevar ese estado de silencio y paz a nuestras interacciones diarias y a nuestras relaciones con los demás, creando un ambiente de amor, respeto y compasión.

En una ocasión, personas cercanas a Dadi compartieron conmigo una conmovedora anécdota sobre una conferencia que dio en las Naciones Unidas. Previo a comenzar su discurso, llevó a cabo un ejercicio de respeto y humildad llamado «Drishti». Dedicó varios minutos a estar en silencio mientras miraba a los ojos de cada persona presente en la sala, reconociendo la esencia más pura de cada individuo y reconociéndolos como almas. Tanto por lo que me contaron como por lo que viví personalmente en sus clases, puedo imaginar cómo ese momento llenó la sala de energía y abrió las mentes y los corazones de todos los presentes. Fue un gesto sencillo pero poderoso que creó una atmósfera propicia para compartir experiencias desde una profunda intimidad. Finalmente, Dadi pronunció las palabras «Om Shanti» —«Soy un ser de paz»—, y así culminó su charla. Dadi falleció en el año 2020 a sus 104 años de edad y sigue siendo una inspiración para mí y para miles de personas que la conocieron.

10. Manejar las tormentas de tu mente

No se puede determinar con precisión científica la cantidad exacta de pensamientos que tiene una persona normal en un día, ya que varía de un individuo a otro. Sin embargo, se estima que una mente promedio puede generar entre cincuenta mil y ochenta mil pensamientos diarios. Es importante tener en cuenta que esta cifra puede variar por factores como el estado de ánimo, las circunstancias personales, el nivel de estrés y otras cuestiones individuales. Estos pensamientos suelen ser repetitivos y recurrentes, muchos de ellos automáticos y no conscientes. Basados en estas cifras, podemos imaginar que para muchas personas su mente se asemeja a un huracán, como muestra la figura:

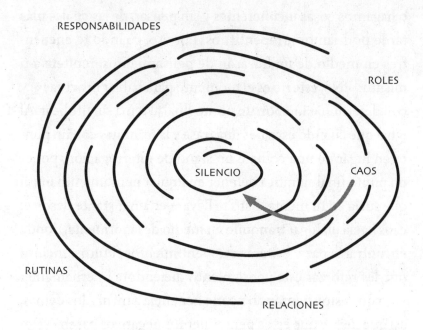

Constantemente conectada con el mundo exterior, absorbiendo estímulos, juzgando situaciones y adoptando roles. Este caos mental y emocional se alimenta de pensamientos de preocupación que giran a toda velocidad. Saltan de responsabilidades a rutinas diarias, relaciones, trabajo, salud, entre otros. Es una tormenta constante que no se detiene.

Sin embargo, hay un método para sobreponerse a estas tormentas de la mente, que consta de tres pasos:

1. **Poner un punto final.** Cuando te encuentres en una situación complicada y tu mente entre en caos, recuerda dos cosas:

i. Decir «no».
ii. Y aplicar un «punto final».

En medio de una tormenta mental, es posible que digamos o hagamos cosas incoherentes y sin pensar, de las cuales más tarde podríamos arrepentirnos. Por eso, cuando te encuentres en medio de un huracán de pensamientos, repítete a ti mismo: «No, este no es el momento para hablar ni actuar», y con determinación pon un punto final al tema sin titubear. Al igual que cuando escribes una frase y la terminas con un punto en lugar de una coma o un signo de interrogación, poner un punto final significa detener cualquier pensamiento inútil que surja en tu mente. Esto te llevará en un instante desde el caos hacia un lugar tranquilo en medio de la tormenta, donde encontrarás paz y evitarás arrepentimientos futuros. Incluso puedes reforzar este pensamiento diciéndote internamente: «Lo que estoy pensando no me beneficia a mí ni a los demás, así que dejaré que estos pensamientos negativos pasen». Recuerda que tú eres quien controla tu mente, no al revés. Las situaciones difíciles se presentarán, pero no permitas que te roben la paz ni apaguen tu felicidad.

2. **Tener buenos deseos.** Luego de poner el punto final, adopta una actitud positiva y ve las virtudes de los demás en lugar de ver sus defectos. Esta mirada elevada y humilde es capaz de mantener tu mente calma y, al mismo tiempo, dar esperanza a quien esté descorazonado. Aquellos que tienen

buenos deseos constantemente dan felicidad a los demás y reciben felicidad. Además, tus buenos deseos encenderán los buenos deseos de otros, así como una vela enciende otra vela.

3. **Mirar detrás de los ojos.** El lenguaje de los ojos puede lograr tareas que las palabras no pueden realizar. Es una forma de comunicación no verbal que nos permite transmitir mensajes a través de la mirada y la expresión facial, y es una herramienta poderosa para establecer una conexión profunda y auténtica con otros. Los ojos son las ventanas del alma y a través de ellos se pueden transmitir energías y vibraciones positivas. Practica ver al otro más allá de sus palabras, de sus acciones y de su rostro. Mira directo a ese espacio en su entrecejo y trata de imaginar al ser que esta por detrás, brillando. Esta mirada genera una experiencia de amor y empatía, crea un ambiente de confianza y se establece una comunicación significativa sin necesidad de hablar. Practicar esta mirada implica estar conscientes de cuánto influye la forma en que miramos a los demás.

11. Usar el silencio para resolver un conflicto

La gran mayoría de los conflictos se debe a la mala comunicación entre las personas y una de las principales razones es lo que acabamos de ver en el párrafo anterior: una mente con exceso de pensamientos y ruido mental. Las respuestas impulsivas, las actitudes defensivas, el ruido mental o una carga emocional excesiva pueden aumentar la probabilidad de generar conflictos y malestar. En estas ocasiones, el silencio es una herramienta muy poderosa para manejar los conflictos de manera más efectiva. Aunque a muchas personas les resulta incómodo estar en silencio, es una forma de comunicación llena de significado. Nos ayuda a reflexionar y a escuchar de manera atenta, profunda y empática. Nos permite resonar más fácilmente con el estado emocional del otro y descubrir sus verdaderas intenciones. El silencio abre infinitas posibilidades de entendimiento y acuerdo.

Por lo tanto, cuando percibas que se avecina un conflicto, te recomiendo optar por el silencio en lugar de embarcarte en explicaciones o argumentaciones. Te invito a considerar la siguiente estrategia para gestionar un conflicto y preservar una comunicación efectiva, empleando el silencio como una herramienta:

1. **Para**. En lugar de responder de inmediato, no te apures, haz una pausa de silencio y tómate un momento para revisar lo que se ha dicho y cuál es la mejor respuesta. Esos segundos de chequeo personal establecen un marco ideal para la buena comunicación.

2. **Siente**. Sé consciente de tus propias emociones, pensamientos y patrones de comportamiento y observa si estás reaccionando impulsivamente o si tus emociones están nublando tu mente. Utiliza el silencio para observar cómo te sientes. Puedes preguntarte: «¿Cómo me siento para resolver esta situación? ¿Es el momento adecuado para conversar?». Este chequeo en silencio te permite conectarte contigo mismo y comprender tus propias necesidades y deseos.

3. **Escucha**. Deja que la otra persona se exprese completamente antes de responder, respeta sus silencios. También
tómate tú el silencio necesario para preparar tus palabras y
elegirlas con cuidado. Pregúntate: «Lo que voy a decir, ¿es
realmente importante? ¿Coopera para que se resuelva la situación? ¿Es respetuoso?». Esto te ayudará a usar las palabras
justas y necesarias evitando culpar o criticar al otro, y si la
respuesta a alguna de las preguntas es «No», opta por permanecer en silencio y dejarlo para más adelante.

Recuerda que el uso del silencio en la comunicación no
implica evitar o ignorar los problemas. Más bien, se trata de
cultivar un ambiente de escucha, comprensión y respeto mutuo. El silencio puede ser una herramienta poderosa para mejorar la comunicación y generar una conexión más profunda
con los demás. Te invito a probar estos pasos en los próximos
días, ya sea en el trabajo o en tus relaciones personales. Verás
cómo el silencio te ayuda a manejar tus impulsos y a tener
una mejor comunicación para evitar discusiones innecesarias.

12. Silencio: curiosidad y humor

Qué tal si te dijera que existe una obra musical ejecutada to-
talmente en silencio por unos 100 músicos, llamada 4'33".
Pertenece al compositor americano John Cage y se trata de
una pieza musical compuesta por tres movimientos. Puede
ser interpretada por cualquier instrumento o, incluso, por una
orquesta. En la partitura aparece una única palabra «Tacet»,

que le indica al intérprete que debe guardar silencio y no to-car. Puedes disfrutarla escaneando el siguiente código:

En la misma línea, pero agregando un poco de humor, les comparto una obra llamada *El vals del segundo*, ejecutado por el famoso grupo humorístico-musical argentino Les Luthiers. Lo pueden escuchar escaneando el siguiente código:

En definitiva, no es fácil adentrarnos en el mundo del silencio, requiere esfuerzo y voluntad; no obstante, su gran beneficio es que acaba poniéndonos cara a cara con nosotros mismos y eso, más allá de asustar, nos puede sanar.

13. El poder del silencio

Resumiendo, el poder del silencio y la práctica de la intros-pección te permitirán encontrar la paz en medio del caos. Al mirar hacia adentro, reconocer y aceptar tus emociones y pensamientos, podrás manejar el sufrimiento de manera más efectiva y encontrar la paz . A medida que te adentras en tu mundo interior, descubres el poder transformador del silencio y la conexión con tu esencia más profunda. El silencio mental es una herramienta invaluable para calmar la tormenta de pensamientos. Frente a situaciones difíciles, practicar la introspección y el silencio te permitirá alejarte de los ruidos externos y aumentar la tranquilidad interna. Durante unos minutos al día, siéntate en silencio dejando que los pensamientos se aquieten y dando paso a la serenidad interior. El poder del silencio va más allá de las palabras. Es capaz de producir transformación, crecimiento, creación, agitación y consuelo. Los pensamientos elevados, los buenos deseos y el lenguaje de los ojos son herramientas poderosas que permiten que tus pensamientos lleguen a otros seres de manera más rápida y profunda que cualquier conexión inalámbrica. Tus pensamientos y deseos tienen un impacto significativo en ti mismo y en los demás. Al adoptar una actitud positiva y ver las virtudes en lugar de los defectos, irradiarás felicidad y esperanza. **Recuerda que tus pensamientos y palabras son como flechas: puedes disparar flechas de palabras, pero también puedes disparar flechas de silencio.**

14. Reflexiona sobre este capítulo

- ¿Qué acciones concretas puedo tomar para integrar el silencio en mi vida cotidiana, tanto en compañía de otros como en momentos de soledad?

- Si consideras el silencio como aburrido, pasivo o un signo de aislamiento, ¿cómo podrías desafiar esas creencias y abrirte a descubrir los aspectos maravillosos y enriquecedores del silencio?
- ¿Cómo el silencio puede ayudarte a enfrentar los desafíos y responsabilidades de la vida de manera más consciente y equilibrada?
- ¿De qué manera el silencio puede contribuir a mantener una buena comunicación con los demás, ayudándote a manejar tus impulsos y seleccionar las palabras adecuadas antes de hablar?

15. Preguntas y respuestas

Pregunta: ¿Qué preguntas puedo hacerme mientras estoy en silencio?

Respuesta: Muchas personas me preguntan qué preguntas pueden hacerse mientras están en silencio, ya sea en un retiro o cuando están solos con ellos mismos. Te sugiero una variedad de preguntas significativas y profundas para reflexionar sobre tu vida, tus valores y tus metas personales. Estas preguntas pueden ayudarte a profundizar en tu autoconocimiento y a encontrar claridad sobre tu camino en la vida. Aquí hay quince preguntas significativas que podrías considerar:

- ¿Quién soy realmente más allá de mis roles y etiquetas sociales?
- ¿Cuáles son mis valores fundamentales y cómo los estoy viviendo en mi vida diaria?

- ¿Qué me hace sentir realmente vivo y auténtico?
- ¿Cuáles son mis mayores sueños y aspiraciones, y cómo puedo darles vida?
- ¿Qué es lo que realmente importa en mi vida y cómo puedo priorizarlo?
- ¿Qué patrones de pensamiento o creencias limitantes me impiden alcanzar mi pleno potencial?
- ¿Cómo puedo cultivar una mayor compasión hacia mí y hacia los demás?
- ¿Cuáles son las relaciones más importantes en mi vida y cómo puedo nutrirlas de manera más significativa?
- ¿Cómo puedo encontrar un equilibrio entre el trabajo y el tiempo de calidad para mí y mis seres queridos?
- ¿Cuáles son mis miedos y cómo puedo superarlos para vivir una vida más plena y auténtica?
- ¿Qué cambios necesito hacer en mi vida para experimentar una mayor satisfacción y bienestar?
- ¿Qué puedo aprender de mis experiencias pasadas y cómo puedo aplicar esas lecciones en el presente?
- ¿Cómo puedo contribuir positivamente al mundo y hacer una diferencia en la vida de los demás?
- ¿Cuáles son las prácticas o actividades que me brindan paz y alegría, y cómo puedo integrarlas más en mi rutina diaria?
- ¿Cómo puedo vivir con más gratitud y aprecio por el presente?

Estas preguntas son solo ejemplos para ayudarte a comenzar tu exploración interna. A medida que te sumerges en el silencio, puedes adaptarlas y ajustarlas según tus propias necesidades y circunstancias. Recuerda que el objetivo es reflexionar y encontrar respuestas sinceras que te guíen hacia una vida más significativa y satisfactoria.

16. Meditación guiada | El silencio transforma
(duración aproximada 20 minutos)*

Para comenzar la práctica, te invito a que encuentres un lugar cómodo y tranquilo para meditar durante unos minutos con la intención de experimentar el silencio. Puedes sentarte sobre una silla o un almohadón. Mantén la espalda recta y relajada al mismo tiempo. Tu pecho permanece abierto; tus hombros, bajos y sueltos. Los brazos descansan cómodos mientras las manos se apoyan suavemente sobre las piernas. La mirada puede descansar en algún punto delante de ti, o bien puedes elegir cerrar los ojos suavemente.

Ahora, observa tu respiración y vuélvete consciente de ella. Nota las sensaciones al inhalar y al exhalar. Nota los movimientos que la respiración produce en tu cuerpo. La respiración puede ser tu compañera cada vez que sientas tensión, preocupación o miedo. Aprender a llevar la atención hacia la respiración te ayuda a encontrar momentos de calma.

Con cada respiración vas más y más profundo a tu mundo interior, de sentimientos y experiencias. Un mundo que está más allá de los ruidos externos, donde entras en contacto con el silencio. Un

---

* Puedes escuchar el audio de esta meditación escaneando el primer código QR que aparece en el libro.

espacio de armonía y calma. Un lugar seguro, a salvo de cualquier interacción exterior. Déjate atraer por la belleza del silencio interior.

Ahora, vamos a practicar una meditación en la que solo estaremos repitiendo una palabra. La palabra «silencio». Por ejemplo, si notas que la mente se pone a hablar, respiras profundo y con amabilidad le dices: «Silencio». Y notas cómo te sientes. Si aparecen sensaciones en el cuerpo, ya sean agradables o molestas, te das un instante para sentir y les dices: «Silencio».

Experimentando con esta palabra vamos a estar tanto tiempo como podamos, conectados con la experiencia del silencio interior.

Nada que resolver, nada que organizar ni pensar. Solo prepararnos para realizar este viaje hacia el silencio, así que suelta lo que tengas que soltar. Observa tu respiración, y deja que te guíe y te acompañe a tu lugar interior donde encuentras calma, quietud y silencio.

Observa tu mente y con amabilidad dile: «Ahora vamos a estar en silencio», y le haces esta invitación especial. Date un tiempo para recibir esta invitación sutil.

Ahora, dirige tu atención a tu corazón. Nota su latir incondicional, su ritmo, su canción. Y dile: «Querido corazón, quiero que estés en silencio, que tu ritmo sea tan armonioso que me ayude a tranquilizarme».

Ahora haz lo mismo con tu cuerpo, háblale al cuerpo y pídele que permanezca en silencio, en sintonía con cada órgano, cada músculo y cada hueso. Deja que el cuerpo te lleve al silencio. Permanece unos minutos en silencio, escucha la quietud. Silencio. Nada más que silencio. Deja que el pensamiento de silencio llene tu mente y corazón. Que tu ser desborde de paz y silencio. Silencio en la mente y en el corazón.

Deja que el silencio te envuelva. Entra en el estado en el que no hay ningún sonido ni se oye ninguna voz. Ni la voz de tus pensamientos, ni la de tus recuerdos. Solo silencio.

Presencia y profundo silencio.

Silencio en la mente.

El silencio te transforma, aunque no te des cuenta.

Ya eres diferente.

Solo tú y el silencio.

Ahora, eres el silencio.

Permanece en quietud y silencio durante unos minutos más. Permanece en tu propia compañía, sin otra intención que contemplarte. Descansa en tu presencia.

Puedes ir regresando con tu atención al lugar donde te encuentras. Tus sentidos se abren y vuelves a conectar con los sonidos, las voces, los ruidos. No te sobresaltes, solo dales tiempo a acostumbrarse.

Abre tus ojos, si los cerraste.

Deja que tu cuerpo te indique lo que necesita: quizás algunos movimientos o estiramientos… Haz lo que sea que necesites en este momento. También te puedes regalar unos instantes más contigo para agradecer esta práctica o lo que quieras agradecer ahora.

Guarda esta experiencia en tu corazón y en distintos momentos del día puedes repetirla con significado e intención. Esta palabra transforma profundamente.

17. Práctica para casa | Vivir el silencio

Durante una semana, desafíate a ti mismo a practicar silencio y disminuir el ruido de las palabras. Recuerda que el silencio no es la ausencia de sonido, sino la presencia de calma interior. En ese silencio y en esa soledad, percibirás claramente la realidad y encontrarás la solución a cada problema. También, a medida que avances, serás capaz de mantener el equilibrio en situaciones difíciles y continuar irradiando tranquilidad a tu alrededor. El poder del silencio y la conexión con tu ser interior te permitirán transformar cualquier adversidad en una oportunidad para crecer y encontrar la paz mental que anhelas.

A continuación, te dejo algunas sugerencias para poner en práctica estas ideas.

- **Medita en silencio.** Dedica al menos cinco a diez minutos al día para sentarte en silencio en un lugar tranquilo. Cierra los ojos y concéntrate en tu respiración. Deja que los pensamientos fluyan sin aferrarte a ninguno. A medida que practiques, aumenta gradualmente el tiempo a veinte o treinta minutos.

- **Practica *mindfulness* en tus rutinas.** Mientras realizas tus actividades diarias, presta atención plena a lo que estás haciendo en ese momento. Si estás comiendo, concéntrate en cada bocado, en el sabor y aroma de los alimentos. Si estás caminando, siente cada paso y la conexión con el suelo o la tierra. Esto te ayudará a estar presente en el momento y a disminuir el ruido mental.

- **Dedica tiempo a la soledad y la reflexión.** Tesérvate un momento cada día para estar a solas contigo mismo. Puede ser por la mañana temprano o antes de ir a dormir por la noche. Utiliza este tiempo para estar contigo. Esto te permitirá conectarte más profundamente y ganar claridad en tus objetivos.

- **Paseos en la naturaleza.** Pasar tiempo al aire libre en entornos naturales te permite disfrutar de la tranquilidad que la naturaleza ofrece. Caminar en silencio a través de un bosque, la playa o un parque puede ser relajante y restaurador.

- **Cultiva la gratitud.** Cada día, tómate un momento para reflexionar sobre las cosas por las que estás agradecido. Pueden ser pequeñas cosas cotidianas o aspectos más grandes de tu vida. La gratitud te ayudará a cultivar una actitud positiva y a mantener la calma interior.

- **Silencio en movimiento.** Aprovecha tus desplazamientos en el auto o el bus, como una oportunidad para disfrutar del silencio. Apaga la radio o la música de vez en cuando y permite que el trayecto sea un momento de tranquilidad.

- **Lee en silencio.** La lectura es una actividad que fomenta la introspección y la tranquilidad. Lee libros o revistas que te interesen y disfruta del viaje mental que ofrecen.

- **Respira conscientemente.** En momentos de estrés o ansiedad, practica la respiración consciente. Tómate unos minutos para inhalar y exhalar conscientemente, prestando atención a cada respiración. Esto puede ayudarte a reducir el estrés y recuperar la calma.

- **Desconecta de lo digital.** Dedica un tiempo de cada día para desconectarte de los dispositivos electrónicos y las redes sociales. Esto te permitirá liberarte del ruido externo y encontrar un espacio de tranquilidad.

Lección 6

TÚ ERES AMOR.
NO NECESITAS BUSCARLO

No somos nuestros cuerpos, nuestras posesiones o nuestras carreras. Quienes somos es amor divino, y eso es infinito.

WAYNE DYER

La búsqueda más grande, intensa y duradera de la humanidad es, sin lugar a dudas, la búsqueda del amor. En todas las formas de vida, de una u otra manera, buscamos y anhelamos ese amor ideal, digno de cuentos de hadas y películas románticas. Aspiramos a encontrar el amor en nuestras conexiones y relaciones, a menudo en busca de aceptación, pertenencia y aprobación. También buscamos el amor en nuestras acciones y posesiones, hasta que nos damos cuenta de que ese amor es efímero y limitado. Es entonces cuando nos desilusionamos y sufrimos. Pero, en realidad, ese sufrimiento no es por amor, es por apego (veremos esto más adelante).

Retomando el título de este capítulo, «Tu eres amor. No necesitas buscarlo» es una afirmación poderosa y atrevida que desafía la noción instalada de que necesitamos desesperadamente el amor de alguien más para sentirnos completos o felices. ¿Esto es así? ¡Yo creo que no! El amor no es una necesidad externa que debemos perseguir constantemente, sino una cualidad interna que podemos cultivar dentro de nosotros mismos. Eckhart Tolle dice: «Deja de buscar afuera restos de placer y satisfacción, aprobación, seguridad o amor. Tienes un tesoro dentro de ti que es infinitamente mayor que cualquier cosa que el mundo pueda ofrecer»

Al comprender y aceptar que ya somos amor y que no necesitamos salir a buscarlo, nuestra forma de relacionarnos con los demás se transforma. Nos volvemos más auténticos, plenos, generosos y compasivos en nuestras interacciones, y creamos conexiones más significativas y enriquecedoras. Ya no sentimos la necesidad de ocultar nuestras verdaderas emociones o actuar de manera desesperada para obtener amor y aceptación. Nos permitimos ser nosotros mismos y expresar nuestro amor de manera genuina. Nos sentimos completos y no dependemos emocionalmente de otras personas o situaciones externas. Esto nos brinda una sensación de plenitud interior y nos habilita para entablar relaciones desde un enfoque de colaboración, disfrute y no de necesidad.

Al vivir sintiendo ese amor interno que somos, nos volvemos más generosos y desinteresados en nuestras relaciones y nos enfocamos en dar y compartir nuestro amor de manera libre y sin esperar nada a cambio. Esto crea un ambiente de generosidad y afecto mutuo en nuestros vínculos. Aprendemos a aceptarnos y amarnos incondicionalmente. Practicamos la aceptación y la compasión hacia los demás, reconociendo su propia naturaleza amorosa y permitiéndoles ser quienes son sin juzgarlos ni tratar de cambiarlos.

1. Los mitos sobre amor

- «Sin ti, no puedo vivir».
- «Tú eres mi otra mitad».
- «Sin tu amor, no soy nada».

Nos han contado una historia hermosa pero falsa sobre el amor, y en nuestra ingenuidad la hemos aceptado como cierta. Tal vez por el temor a estar sin amor, a quedarnos solos o a sentir que no pertenecemos.

Pero, en realidad, no hay nada ni nadie ahí afuera que pueda llenar nuestros vacíos internos y esto también se aplica al amor. Nadie más es necesario para completarnos; cada uno de nosotros ya es completo en sí mismo desde que nace. No hay un príncipe o una princesa que venga a rescatarnos de nuestra prisión en la torre del castillo; somos nosotros quienes debemos encontrarnos a nosotros mismos.

Osho, el reconocido maestro espiritual Indio, decia sobre el amor:

Es una de las cosas más importantes sobre los seres humanos: su amor es siempre por alguien, está dirigido, y cuando diriges tu amor, lo destruyes. Es como si dijeras: Respiraré solo por ti, y cuando no estás ahí, ¿entonces cómo puedo respirar?».
El amor debería ser como respirar. Debería ser solo una cualidad en ti, dondequiera que estés, con quienquiera que estés o aún si estás solo, el amor continúa brotando de ti a raudales. No es un asunto de amar a alguien, es un asunto de ser amor.

Muchas personas anhelan encontrar a su «príncipe azul» o la pareja perfecta, alguien valiente que, se supone, está ahí afuera buscándolos. Esperan que este ser ideal los rescatará y los amará incondicionalmente, ofreciéndoles una vida de seguridad, felicidad y total entrega, sin que tengan que hacer ningún esfuerzo. Esta imagen perfecta la hemos visto en películas, la pareja ideal o el padre y la madre que nunca tuvimos. Sin embargo, en realidad, estas personas no buscan tanto el amor como evitar sentirse solas. Lo que realmente persiguen es la aceptación de sí mismas, queriendo huir de la realidad que el espejo de sus corazones les muestra, es decir, enfrentar quiénes son en verdad.

Si para obtener ese amor tenemos que manipular o suplicar, si ese amor nos causa dolor, entonces es una versión del amor que surge de la mente, no del corazón.

El amor verdadero es constante, no aparece y desaparece como el deseo o la atracción. No es un capricho momentáneo. El amor auténtico siempre está presente y no necesita controlar ni poseer; al contrario, el amor permite ser y te otorga libertad. Es importante saber que, si nuestra felicidad depende de alguien más, siempre viviremos con el miedo a perderlo, y el miedo es lo opuesto al amor. Podríamos terminar perdiéndonos a nosotros mismos o cambiando nuestra manera de ser solo para mantener a la otra persona a nuestro lado; y eso es apego, no amor. El verdadero amor no busca completar a otros, sino compartir y crecer juntos, siendo conscientes de que cada uno ya es un ser completo y valioso por sí mismo.

Aprender a amarte a ti mismo con todas tus imperfecciones y peculiaridades es liberador. Te permite liberarte de la trampa de buscar la perfección externa y te ayuda a valorarte por lo que eres en realidad. Al abrazar tus defectos, te vuelves más humano y conectas más profundamente con los demás, ya que todos tenemos nuestras propias luchas y aspectos menos brillantes. Encontrar tu seguridad interior implica confiar en ti mismo y en tu capacidad para enfrentar los desafíos de la vida. Cuando confías en tus habilidades y recursos internos, te vuelves más resiliente y menos dependiente de la validación externa. Este sentido de seguridad también se reflejará en tus relaciones, ya que no estarás buscando constantemente la reafirmación de los demás. El viaje hacia un amor verdadero comienza por amarte a ti mismo. Este amor propio te capacita para compartir un amor genuino con los demás, basado en la aceptación, la comprensión y el respeto mutuo.

Al inicio de este capítulo, mencioné tres mitos comunes acerca del amor. ¿Qué opinas de estas respuestas a esos tres mitos sobre el amor?

- «Sin ti, no puedo vivir». En realidad, puedo vivir sin depender de alguien.
- «Tú eres mi otra mitad». En realidad, no. Soy completo por mí mismo.
- «Sin tu amor, no valgo nada». Soy valioso por quien soy, el amor de otros es un complemento, no una necesidad.

El amor, desde mi propia experiencia, es una fuerza trascendental y transformadora que va más allá de nuestras mentes y emociones. Es una cualidad esencial de nuestro ser, siempre presente y esperando ser reconocida y expresada.

No se restringe a las relaciones románticas o a la conexión con otros, sino que abarca todo lo que existe. Es una energía creativa y sanadora que fluye a través de nuestras acciones, pensamientos y emociones. Definitivamente, el amor no es una emoción fugaz ni depende de circunstancias externas: es un estado de ser en el cual nos conectamos con nuestra verdadera naturaleza y reconocemos la unidad de toda la vida. Implica aceptación, compasión y bondad hacia nosotros mismos y los demás. Es estar presentes y elegir actuar desde el amor en lugar del miedo o la separación.

Resumiendo, el amor es una fuerza universal, transformadora y sanadora que va más allá de nuestras mentes y emociones. Es una cualidad esencial de nuestro ser que podemos manifestar en nuestras acciones y relaciones. Es una vibración de nuestra propia energía interna, que nos invita a conectarnos con nuestra esencia más profunda y cultivar el amor en nosotros mismos. Al hacerlo, experimentamos el amor como una poderosa fuerza que trasciende las condiciones externas y se extiende a todos los seres y aspectos de la vida.

Lo que no es el amor

El amor no es una emoción pasajera ni un estado dependiente de las circunstancias externas, ni un sentimiento basado en la posesión o el control sobre otra persona. Tampoco se limita a las relaciones románticas o a la conexión con otros seres humanos. No es una forma de complacencia o aprobación incondicional que implica sacrificar nuestros propios valores, y menos aún una herramienta para manipular u obtener algo de los demás.

Todo lo contrario, como veíamos antes, el amor verdadero es una fuerza profunda y transformadora que emana de nuestro ser más auténtico y se manifiesta a través de la aceptación, la compasión y la conexión genuina con nosotros mismos y con los demás.

2. ¿Es posible el amor sin sufrimiento?

Yo creo que sí, es posible. El sufrimiento en las relaciones suele surgir del apego, las expectativas y la dependencia emocional. Cuando nos aferramos a la idea de que nuestra felicidad depende de otra persona o tratamos de controlar y cambiar a alguien, nos volvemos vulnerables al sufrimiento. En realidad, el verdadero amor es desapegado, libre y no busca poseer ni controlar al otro. Amar sin sufrir implica aceptar a las personas tal como son, sin intentar cambiarlas ni depender de su aprobación para nuestra propia felicidad. Para lograrlo, debemos reconocer nuestro propio valor y encontrar la plenitud dentro de nosotros.

Cultivando el amor propio y conectándonos con nuestra esencia, podemos amar a los demás desde un lugar de autenticidad, respeto y aceptación incondicional. **Amar sin sufrir implica soltar las expectativas, dejar ir el miedo al abandono y permitir que cada persona siga su propio camino de crecimiento y desarrollo.** En este tipo de amor, encontramos la alegría de dar y compartir sin esperar nada a cambio, así nos liberamos de la carga del sufrimiento y permitimos que el amor fluya libremente en nuestras relaciones. El sufrimiento no tiene cabida en el amor, ya que lo envenena y lo destruye.

Para evitar caer en la trampa del apego, es importante cultivar valores como la apreciación y el agradecimiento en nuestras relaciones. Mantener un vínculo basado en el respeto mutuo, el aprecio y el intercambio positivo nos aleja del sufrimiento y nos permite sentirnos agradecidos por lo que compartimos. Un amor verdadero se basa en la apreciación, el agradecimiento y el cuidado mutuo, y nos permite crecer juntos incluso en medio de las dificultades. En el amor genuino, el esfuerzo se transforma en una oportunidad para fortalecer la relación, ya que no se siente como un trabajo arduo, sino como una bendición en nuestras vidas.

Además, es importante recordar que el amor no es solo un sentimiento, sino también una elección consciente que hacemos todos los días. Al hacer elecciones amorosas y conscientes en nuestras relaciones, podemos mantener viva la llama del amor sin caer en el sufrimiento innecesario.

3. La relación entre el amor y el sufrimiento

El tema del amor y el sufrimiento es complejo y profundo, y hay diversos aspectos que se pueden explorar en relación con esta conexión.

- **Aprender lecciones importantes**. Aunque el sufrimiento puede ser doloroso y desafiante, también puede ser una oportunidad para el crecimiento y la transformación personal. En algunas ocasiones, las experiencias dolorosas en el amor nos enseñan lecciones importantes y nos ayudan a desarrollar una mayor comprensión de nosotros mismos y de nuestras relaciones.

- **El amor como elección.** El amor verdadero significa estar dispuestos a trabajar en la relación, superar obstáculos y enfrentar dificultades juntos. El sufrimiento puede surgir cuando falta compromiso, comunicación o empatía en una relación, pero, al mismo tiempo, el compromiso genuino puede ayudar a superar esos desafíos y fortalecer el vínculo.

- **Tener expectativas irreales.** A menudo, el sufrimiento en el amor surge de expectativas poco realistas que hemos construido en nuestra mente. Si esperamos que el amor sea perfecto, sin problemas o dolor, es probable que nos decepcionemos y suframos. Aceptar que el amor implica altibajos y estar dispuestos a enfrentar esos desafíos puede ayudarnos a manejar mejor el sufrimiento y cultivar relaciones más saludables.

- **La importancia del amor propio.** El amor propio es esencial para establecer relaciones saludables y reducir el sufrimiento en el amor. Si no nos amamos a nosotros mismos y no establecemos límites saludables, es más probable que toleremos situaciones dañinas y suframos en nuestras relaciones. Cultivar el amor propio implica aprender a cuidar de nuestras propias necesidades, establecer límites adecuados y buscar relaciones que nos nutran y nos respeten.

- **El equilibrio entre el amor y el sufrimiento.** Aunque el sufrimiento puede ser parte de la experiencia humana y, en ocasiones, de las relaciones amorosas, no es deseable ni necesario buscar o aferrarse al sufrimiento como parte integral del amor. El amor auténtico se basa en la felicidad, la alegría y el apoyo mutuo. Si el sufrimiento persiste constantemente en una relación, puede ser un indicio de desequilibrio y necesidad de tomar medidas para abordar los problemas subyacentes.

Cuando hay sufrimiento, ¿puede haber amor? ¿Es el amor simplemente deseo, placer, de manera que cuando ese deseo, ese placer, nos es negado, surge el sufrimiento? Nuestro condicionamiento, nuestra educación y nuestra tradición nos enseñan que el sufrimiento, como los celos, el apego y la posesión, es parte del amor.

KRISHNAMURTI

4. Dar o tomar amor

El verdadero amor no se experimenta al tomar o reclamar, sino al dar, compartir y entregarse. Cuando abrimos nuestro corazón sin condiciones, la energía del amor fluye y desborda. Es en el acto de dar desinteresadamente, sin buscar un beneficio personal o tratar de obtener algo de los demás, donde en verdad podemos experimentar el amor. El amor solo se puede vivir en el presente e implica dar libremente desde el corazón, sin expectativas ni condiciones. Se trata de compartir nuestro amor, bondad y compasión con los demás, sin esperar nada a cambio. Este acto de dar es una expresión natural del amor que fluye desde nuestro ser interno. Desear tomar o buscar satisfacción personal es una perspectiva egoísta y centrada en uno mismo. Implica buscar la gratificación personal, la posesión o el control sobre los demás. Esta mentalidad de tomar se basa en la idea de que el amor es escaso y que debemos asegurarnos de obtener nuestra parte. Cuando compartimos amor desde un lugar puro, experimentamos una sensación de plenitud y conexión con los demás. No buscamos llenar vacíos internos o satisfacer nuestras necesidades a través de los demás, sino que nos convertimos en canales de amor incondicional.

5. La diferencia entre amor y apego

Imagina que tienes una relación cercana con alguien, ya sea un amigo, un familiar o una pareja y experimentas amor, te interesas por el bienestar de la otra persona, te sientes feliz y agradecido de tenerla en tu vida y disfrutas de la conexión y la alegría mutua, sin imponer condiciones o expectativas. Ahora imagina que en esa relación experimentas miedo a perder a esa persona, sientes una necesidad excesiva de su atención o validación y estás constantemente preocupado por el futuro de ese vínculo. Claramente, esta segunda opción no se parece al amor autentico, sino, más bien, al apego.

Hay una diferencia fundamental entre el amor y el apego y es que el amor se basa en la libertad, la aceptación y la conexión auténtica, mientras que el apego está arraigado en el miedo, la dependencia emocional y la necesidad de control. El amor es una energía expansiva y libre, mientras que el apego es restrictivo y temeroso. El amor verdadero se manifiesta como una conexión basada en la confianza, la libertad y el respeto mutuo, existe un deseo genuino de ver a la otra persona feliz y un reconocimiento de que cada uno es responsable de su propia felicidad. Este amor verdadero se basa en la libertad y la aceptación y es una energía que fluye y se expande, permitiendo a la otra persona ser quien es y seguir su propio camino. El amor auténtico no busca controlar ni poseer al otro, al contrario, se interesa por su bienestar y felicidad sin esperar nada a cambio. Es desinteresado y busca el florecimiento de cada parte. Por otro lado, el apego viene del miedo y la inseguridad. Se aferra a la otra persona debido a la necesidad de sentirse completo o seguro, lo que puede llevar a sentirse asfixiado en la relación. Está relacionado con el ego y querer cumplir tus deseos y necesidades, a veces siendo exigente y buscando satisfacción propia. Esto puede hacer que dependas de la otra persona y sacrifiques tu independencia.

Reconocer estas diferencias nos permite cultivar relaciones más saludables, desapegadas y basadas en el amor verdadero y la libertad. Por último, el amor real es duradero y profundo y se sostiene a través del tiempo y de las circunstancias cambiantes. El apego, en cambio, es temporal y superficial y puede ser más volátil y efímero. Puede surgir y desaparecer rápidamente en respuesta a las circunstancias o los caprichos personales. Si quieres saber si el amor que mantienes con alguien es verdadero amor o es apego, te invito a que te hagas las siguientes preguntas:

- ¿Me siento feliz y satisfecho en la relación, incluso cuando no estoy físicamente cerca de la otra persona?

- ¿Puedo disfrutar de mi propia compañía y tener una vida plena fuera de la relación?

- ¿Siento respeto y admiración genuina hacia la otra persona, valorando sus cualidades y aceptando sus imperfecciones?

- ¿Existe un equilibrio saludable entre dar y recibir en la relación, sin que uno de los dos sea dominante o necesite constantemente la atención del otro?

- ¿Me siento seguro y confiado en la relación, sin experimentar constantes celos, ansiedad o miedo a perder a la otra persona?

- ¿Hay una comunicación abierta y honesta en la relación, en la que ambos pueden expresar sus pensamientos, sentimientos y necesidades de manera respetuosa?

- ¿La relación me permite crecer y desarrollarme como individuo, sin sentir que estoy sacrificando mi propia identidad o metas personales?

- ¿Nos apoyamos mutuamente en nuestros sueños y metas, fomentando el crecimiento personal y el bienestar emocional de ambos?

- ¿Experimento una sensación de paz y serenidad en la relación, en lugar de un constante estado de preocupación o inseguridad?

Estas preguntas pueden ayudarte a reflexionar y evaluar la naturaleza de tu relación. Recuerda que la respuesta puede requerir tiempo y una autoexploración honesta. Siempre es útil buscar apoyo adicional de personas de confianza o profesionales si tienes dudas o inquietudes sobre tu relación.

6. Cómo cambiar apego por amor

Realizar este cambio implica una serie de pasos importantes. Primero, comienza por tomar conciencia y acepta tu situación actual sin juzgarte ni castigarte. Examina las raíces de tu apego, explorando tus miedos, inseguridades y creencias limitantes asociadas, siendo muy amable contigo. Luego, cultiva la autocompasión y el perdón hacia ti, reconociendo que todos somos seres humanos imperfectos y cometemos errores. Es clave que puedas desarrollar tu independencia emocional, fortaleciendo tu propio sentido de identidad y bienestar. Esto implica satisfacer tus necesidades y encontrar la felicidad dentro de ti, en lugar de depender emocionalmente de los demás. Practica la libertad, soltando cualquier tipo de posesión, permitiendo que las relaciones sean fluidas y sin expectativas o condiciones. Cultiva la gratitud y el aprecio por lo que ya tienes, enfocándote en lo positivo y enriquecedor, en lo que te aporta y te suma, en lugar de apoyarte en las carencias o expectativas no cumplidas.

El siguiente paso es practicar el amor desinteresado, amando a los demás sin condiciones ni expectativas. Cultiva la generosidad y el servicio desinteresado hacia otros, buscando su felicidad y bienestar en lugar de tu propia gratificación. Recuerda que el cambio es un proceso continuo que requiere tiempo y paciencia. Mantén un compromiso constante con el crecimiento personal y la cultivación del amor auténtico en tu vida. Este proceso te llevará a experimentar relaciones más genuinas y liberadoras.

Por último, la clave de todo cambio siempre está en las acciones. Si quieres que algo cambie, tienes que comenzar por cambiar tu manera de actuar. **Recuerda que el amor real no se trata de obtener algo de los demás, sino de dar y compartir.** Así que, a partir de hoy, busca oportunidades para expresar amor en tus relaciones y acciones cotidianas. Puede ser a través de palabras amables, actos de generosidad, escucha empática o simplemente brindando tu presencia amorosa a quien amas. Hazte esta pregunta: «¿Qué nuevas acciones puedo poner en práctica a partir de hoy para transformar mi relación?».

¡Qué tengas éxito!

7. Cuento de amor y apego

Había una vez un joven llamado David y una joven llamada Ana, se conocieron en la universidad y se enamoraron profundamente. Desde el principio, su relación fue intensa y llena de emociones. David y Ana compartían momentos maravillosos juntos, reían, se apoyaban mutuamente y disfrutaban de su compañía. Sin embargo, a medida que pasaba el tiempo, David comenzó a sentir un fuerte apego hacia Ana. Temía perderla y se aferraba a ella de manera obsesiva, queriendo controlar cada aspecto de su vida. Por otro lado, Ana también se sentía atraída hacia David, pero empezó a notar cómo su apego estaba asfixiando la relación. Sentía que no tenía espacio para respirar, ni tiempo para dedicarse a sí misma. El amor que alguna vez floreció entre ellos se estaba desvaneciendo lentamente bajo el peso del apego.

Un día, David y Ana decidieron tener una conversación sincera sobre sus sentimientos. David admitió su apego y miedo a perderla, reconociendo que había dejado de confiar en su amor. Ana, con lágrimas en los ojos, compartió cómo el apego estaba afectando su propia felicidad y bienestar. Juntos decidieron tomar un camino diferente. Aceptaron que el amor verdadero no se basa en el control y la posesión, sino en la libertad y la confianza mutua. Aprendieron que el amor real no puede florecer cuando se lo constriñe con expectativas y miedos. Decidieron tomar un tiempo separados para reflexionar y trabajar en sí mismos. Durante ese tiempo, David y Ana se dedicaron a fortalecer su amor propio y a cultivar una relación más equilibrada consigo mismos y con los demás. Pasaron meses explorando sus propias pasiones, aprendiendo a soltar el apego y a amarse a sí mismos sin condiciones. A medida que crecían individualmente, también crecía su amor por el otro.

Finalmente, David y Ana se reunieron con un nuevo entendimiento y una perspectiva renovada sobre el amor. Comprendieron que el verdadero amor es un acto de dar, de permitir que el otro sea libre y de confiar en que, si están destinados a estar juntos, su conexión perdurará. Su relación floreció de nuevo, esta vez con una base de amor auténtico y desapego. Apreciaban y celebraban la individualidad del otro, y cada uno se convertía en el apoyo incondicional del otro en lugar de querer convertirlo en una posesión. Aprendieron que el amor verdadero se trata de crecer juntos, pero también de permitir que cada uno siga su propio camino hacia la felicidad y la realización personal.

8. Reavivar la llama del amor

El símbolo universal del amor es el corazón, y en nuestro interior existen dos corazones que, a veces, confundimos, pero que son muy distintos entre sí. El primero de ellos es el que late en nuestro pecho, capaz de funcionar sin descanso durante toda nuestra vida, bombeando litros y litros de sangre oxigenada por todo nuestro cuerpo. Este corazón físico es asombroso en su capacidad y vitalidad. Sin embargo, existe otro corazón dentro de nosotros, el corazón de nuestra conciencia. A diferencia del primero, este corazón no tiene forma ni materia, pero brilla con luz y emana calor. Es nuestro corazón espiritual, al que también podemos llamar «alma» o «espíritu». No está separado de nosotros ni es simplemente una parte más de nuestro cuerpo; es la energía vital que anima nuestro ser. Este corazón consciente es el núcleo de nuestra esencia. Todos nosotros poseemos este corazón o, mejor dicho, todos «somos» este corazón. Nuestra naturaleza original es paz, una paz que nunca se pierde, solo se encuentra oculta bajo las múltiples capas de la conciencia del cuerpo. **Al igual que nuestro cuerpo necesita respirar aire, beber agua y alimentarse para obtener energía, nuestro corazón o ser necesita dar y recibir amor para vivir plenamente.**

Es a través del amor que el corazón encuentra su verdadero sustento y se expande.

Así como el corazón físico se contrae ante el miedo, la tristeza o los recuerdos dolorosos, la paz original del alma puede oscurecerse y nuestra llama interior puede apagarse. Sin embargo, siempre existe la posibilidad de reavivar esa llama y volver a encontrar la paz perdida. En esos momentos de oscuridad, es importante recordar que somos seres de amor y que el amor es la llave que nos permite volver a encender nuestra luz interior. A medida que abrazamos el amor en todas sus formas, tanto en el dar como en el recibir, podemos liberar el poder de nuestro corazón espiritual y permitir que brille con todo su esplendor. Nuestro ser más auténtico se revela cuando nutrimos nuestro corazón consciente con el amor incondicional hacia nosotros mismos y hacia los demás. Al hacerlo, descubrimos la verdadera alegría y paz que residen en nuestro interior y nos conectamos con la esencia misma de nuestra existencia.

9. Una historia de amor

Esta historia se desarrolló en el año 2010, cuando emprendí un viaje a la India junto con Lilián, una mujer amable y encantadora, compañera de meditación. Ambos compartíamos el interés por las actividades de la Universidad Brahma Kumaris. Consciente de que Lilián tenía algunos problemas de orientación, me ofrecí a acompañarla en su viaje a un retiro espiritual que tendría lugar en la India. Al día siguiente de nuestra llegada, acompañé a Lilián a una charla de bienvenida que ofrecía Dadi Janki, la directora de Brahma Kumaris en aquel entonces. Lilián estaba llena de alegría e ilusión por tener la oportunidad de escuchar a su referente, Dadi. La emoción se palpaba en el aire mientras esperábamos el comienzo de la charla. Por fin, Dadi entró al escenario caminando lentamente, irradiando una paz y serenidad indescriptibles. Se sentó en su silla y colocó una hermosa flor blanca sobre una pequeña mesa junto a ella, explicando que era un gesto de ofrenda a Dios. En ese instante, Lilián agarró mi brazo con fuerza y me susurró al oído: «Daría cualquier cosa por tener esa flor».

La charla de Dadi duró aproximadamente cuarenta y cinco minutos y, al concluir, salimos juntos del recinto, profundamente conmovidos por sus palabras. De repente, algo mágico sucedió. Mientras conversábamos en la escalinata de la entrada, notamos cómo Dadi se abría paso entre la multitud y, para nuestra sorpresa, se detuvo frente a nosotros. Sus ojos se encontraron con los de Lilián y parecía como si se conocieran de toda la vida. Con un gesto lleno de ternura, Dadi extendió su mano hacia Lilián y le dijo: «Esta flor es para ti». En ese instante, colocó la flor en las manos de Lilián, entregándosela como un regalo divino. Ambos quedamos completamente atónitos, inmovilizados por la sorpresa del momento. Lilián, especialmente, se encontraba sin palabras, con lágrimas de alegría y gratitud en sus ojos. Según tengo entendido, ella conservó esa flor en su hogar hasta sus últimos días, un tesoro que guardaba con amor y que simbolizaba el encuentro único que vivió con Dadi Janki aquella tarde inolvidable.

La historia de amor entre Lilián y Dadi trascendió las palabras y se manifestó en un acto de generosidad y conexión profunda. Fue un momento en el que el amor y la espiritualidad se entrelazaron de forma mágica, recordándonos que el universo siempre conspira para brindarnos sorpresas maravillosas. Aunque Lilián partió poco después de aquel evento, su corazón quedó lleno de gratitud y del recuerdo eterno de aquel gesto de amor inesperado. Esta historia me enseñó que el amor puede manifestarse en los momentos más inesperados y en las conexiones más profundas, dejando una huella imborrable en mi corazón.

10. Amor propio

Te invito a que, en este momento, detengas tu lectura para hacer un ejercicio muy breve. Piensa en las tres personas que más amas en este mundo, una vez que tengas sus nombres, toma una lapicera y escríbelos sobre un papel o sobre estas líneas.

_____

_____

_____

Ahora, revisa, ¿has puesto tu nombre entre los tres?

En una ocasión, mientras ofrecía una charla sobre el amor a un grupo de estudiantes en plena formación de yoga, les propuse este ejercicio revelador. Los invité a tomar una hoja de papel y un lápiz para escribir los nombres de las tres personas a quienes ellos más amaban. Les concedí unos minutos para reflexionar y escribir sus respuestas, y luego les pedí que compartieran sus hallazgos. Para mi sorpresa y conmoción, solo dos personas, entre un grupo de dieciséis, incluyeron sus propios nombres en la lista.

Este sencillo pero profundo ejercicio refleja una realidad frecuente en nuestras vidas: somos muy buenos en amar y valorar a los demás, pero nos resulta difícil hacer lo mismo con nosotros mismos. La relación que establecemos con nuestro propio ser suele ser la más desafiante, compleja y, al mismo tiempo, la más exquisita de todas las conexiones que podemos forjar con alguien. A menudo, nos maltratamos, nos juzgamos y nos criticamos con severidad, incluso más de lo que lo haríamos con los demás. Lamentamos nuestros errores, nos exigimos una perfección inalcanzable y nos relegamos al último lugar en nuestra propia lista de prioridades. Curiosamente, cuando se trata de las personas que amamos, las cuidamos, las escuchamos y nos esforzamos por brindarles el mayor bienestar posible. Entonces, ¿por qué no extendemos ese mismo amor y cuidado hacia nosotros mismos? ¿Qué nos impide atender nuestro propio bienestar con la misma dedicación?

En un mundo donde tantas veces nos olvidamos de nosotros mismos, es vital recordar que merecemos nuestra propia amabilidad, compasión y amor incondicional. La relación que cultivamos con nuestro propio ser es el cimiento de todas las demás conexiones que establecemos en nuestra vida. Al reconocer y nutrir nuestro amor propio, abrimos la puerta a un auténtico florecimiento personal y a la capacidad de brindar un amor más profundo y significativo a los demás.

Mi invitación es que comencemos por tratarnos a nosotros mismos con la amabilidad que merecemos. Que aprendamos a celebrar nuestros logros, a perdonarnos por nuestras imperfecciones y a abrazar nuestra propia belleza única. Liberémonos del peso de la autocrítica negativa y permitámonos ser vulnerables, compasivos y auténticos. Al invertir en nuestro propio bienestar, nos fortalecemos para enfrentar los desafíos de la vida y para construir relaciones más saludables y significativas. Recordemos que el amor propio no es egoísmo, sino autorrespeto, es decir, una base sólida desde la cual podemos irradiar amor hacia el mundo que nos rodea. Al nutrir nuestro propio corazón, nos convertimos en fuentes de amor, inspiración y positividad para quienes nos rodean. **Permitámonos ser nuestros mejores amigos, nuestros más fieles aliados y nuestros mayores defensores. Cuando nos amamos a nosotros mismos, abrimos las puertas a un amor profundo y transformador que trasciende todas las barreras y nos conecta con la plenitud de nuestra existencia.**

¡Si supieras!
Si supieras que el amor es «yo soy»,
si supieras que tu yo es amor,
nunca volverías a querer nada.
Nunca volverías a intentar tomar algo de nadie.
Te darías cuenta de que tú nunca necesitas nada: solo tu cuerpo tiene
necesidades, pero tú no.

*Te irías despegando naturalmente de todo y de todos, pero a la vez te
conectarías íntimamente con todo y con todos.*

Ya no habría dependencia de nada ni nadie.

*Nadie podría nunca lastimarte y nunca podrías intentar lastimar
a otro.*

Sabrías que no podrías perder nada real, nunca más.

Serías capaz de responder al sufrimiento de otros sin sufrir tú mismo.

Sabrías exactamente qué es lo que hace a la gente tan infeliz.

Y conocerías los secretos de ser feliz en tu yo.

Si supieras...

Pero lo sabes.

¿No lo recuerdas?

MIKE GEORGE

11. La compasión, cualidad esencial del amor

Imagínate viviendo en una ciudad y de repente te encuentras
con alguien que vive en la calle que claramente está pasando
por dificultades. En ese momento, te sientes muy conmovido
y te identificas con su situación. Su sufrimiento te genera un
sentimiento de tristeza y empatía. Entonces, decides hacer
algo al respecto. Te acercas a esa persona y tomas la inicia-
tiva de ayudarla, tal vez comprándole comida caliente o le
ofreces algunas palabras de aliento y esperanza. Ese acto de
compasión es lo que marca la diferencia. En lugar de ignorar
su situación o juzgarla, te conectas con su dolor y actúas desde
un lugar amoroso, brindándole tu apoyo de manera sincera
y genuina. Incluso si no tuvieras los recursos para comprarle

algo o el tiempo suficiente para dedicarle, todavía puedes hacer algo significativo por esa persona: enviarle buenos deseos.

Por ejemplo, puedes desear en tu mente:

- «Que esta persona pueda tener salud».
- «Que esta persona supere esa situación difícil».
- «Que esta persona encuentre paz en su vida».

Estos pensamientos positivos también son de gran ayuda y, al mismo tiempo, alivian tu propio corazón.

En realidad, no necesitas tener recursos materiales para ofrecer tu ayuda, lo más importante es ser rico internamente. **Ser rico implica tener un corazón grande y abierto, dispuesto a servir sin esperar nada a cambio.** Esto se conoce como «servir desde el corazón», que básicamente significa entregarse por completo a la vida. No se trata solo de ofrecer palabras, energía u ocuparte, sino de ofrecerte tú mismo.

Entonces, la compasión, esa cualidad esencial del amor, nos sumerge en una profunda conexión y empatía con el sufrimiento de los demás. Nos invita a ponernos en los zapatos de los otros y comprender su dolor desde su propia perspectiva, generando así una auténtica empatía. Pero la compasión no se queda ahí, va más allá de la lástima o la pena momentánea. Nos impulsa a abrir nuestros corazones y estar dispuestos a comprender y apoyar a aquellos que atraviesan dificultades en su camino. Es un llamado a actuar desde un lugar de amor y bondad, ofreciendo consuelo, ayuda y comprensión sin caer en la trampa del juicio o la crítica. En esta práctica compasiva, aprendemos a trascender las diferencias superficiales y a reconocer la humanidad en cada ser humano que encontramos.

Es importante destacar que la compasión no nos exige aceptar o justificar malos comportamientos, sino más bien, reconocer el dolor que puede estar escondido detrás de ciertos comportamientos negativos. Nos invita a responder con amor y sabiduría, estableciendo límites saludables y fomentando una transformación positiva. Además, no podemos pasar por alto el papel crucial de la autocompasión, que nos permite aprender a reconocer nuestra propia humanidad y ser compasivos con nuestras propias luchas y debilidades. Esta auto sanacion nos fortalece para ofrecer una compasión más real a los demás.

Thich Nhat Hanh, el reconocido y admirado maestro budista, nos enseña que la compasión radica en esa profunda comprensión del sufrimiento ajeno y en el deseo genuino de aliviarlo. Nos conecta con los demás, permitiéndonos sentir y empatizar con su sufrimiento desde sus propias vivencias. Además, él dice que la compasión nos libera del aislamiento: al recibir compasión de otros, nos damos cuenta de que no estamos solos en nuestras luchas y dificultades, nos conectamos con una red de apoyo que nos ayuda a superar el sentimiento de soledad. Y más allá de la empatía y la conexión, la compasión se materializa en acciones concretas que alivian el sufrimiento de otros. Ya sea brindando consuelo, ofreciendo una mano práctica o simplemente estando presentes para aquellos que atraviesan momentos difíciles, cada acto de cuidado y apoyo puede tener un impacto profundo y significativo en la reducción del sufrimiento.

Es maravilloso cómo la práctica de la compasión hacia los demás no solo beneficia a aquellos a quienes dirigimos nuestra compasión, sino que también nos transforma a nosotros mismos. A medida que cultivamos la compasión, vamos desarrollando cualidades como paciencia, tolerancia y bondad amorosa, lo que nos ayuda a lidiar de manera más saludable con nuestro propio sufrimiento y a encontrar paz interior.

12. Cuento sobre la compasión

Un discípulo le preguntó a su maestro:

—Maestro, tengo una pregunta que me intriga. ¿Podrías explicarme la diferencia entre la compasión y la lástima?

—Por supuesto, querido discípulo —respondió el maestro—. La compasión y la lástima son dos caminos que, aunque pueden parecer similares, nos llevan a destinos completamente diferentes. La compasión es un sendero lleno de empatía y acción, mientras que la lástima es un callejón sin salida que no nos permite avanzar.

—Comprendo, maestro, pero ¿podrías darme un ejemplo que me ayude a entender mejor la diferencia?

—Por supuesto, permíteme contarte una historia: «En un pequeño pueblo, vivía una mujer incansable y muy trabajadora, pero un día sufrió una pérdida devastadora que la sumió en una profunda tristeza. Mientras atravesaba esos momentos difíciles, un vecino que pasaba por allí la divisó en apuros. Movido por la lástima, se acercó, pero en lugar de ofrecerle ayuda, se limitó a lamentar su situación. Con tristeza en sus palabras, le expresó: "Pobre de ti, estás atravesando un momento realmente difícil. Qué tristeza".

»En ese mismo instante, una mujer que también transitaba por el lugar percibió las dificultades de la afligida mujer y sintió una sincera compasión hacia ella. Lejos de quedarse en la lamentación, decidió acercarse y ofrecerle su apoyo. Con voz reconfortante, le dijo: "Comprendo que estás pasando por un momento sumamente duro, pero permíteme estar a tu lado y brindarte mi ayuda. Juntas encontraremos la fuerza necesaria para superarlo".

»A partir de ese momento, se convirtió en el apoyo incondicional de la mujer en apuros. Pasaron horas conversando, compartiendo lágrimas y risas, mientras ella estuvo presente en cada paso del proceso de curación. Brindó ayuda y consuelo en cada momento que la mujer lo necesitó. Finalmente, la mujer encontró la fuerza para recuperarse, y aunque el dolor nunca desapareció del todo, siempre recordó la compasión y amabilidad que le fueron brindadas en esos momentos difíciles».

13. Reflexiona sobre este capítulo

- ¿Cómo puedo cultivar una conexión más profunda con el amor que ya reside en mi interior?
- ¿En qué áreas de mi vida estoy experimentando apego en lugar de amor verdadero? ¿Cómo puedo soltar esos apegos y permitir que el amor fluya libremente?

- ¿Qué prácticas puedo incorporar en mi cotidianidad para vivir desde un estado de autenticidad, plenitud y generosidad en mis relaciones con los demás?
- ¿Cómo puedo discernir entre el amor verdadero y el deseo impulsado por el ego en mis relaciones y elecciones?

14. Preguntas y respuestas

Pregunta: Entiendo la importancia de la compasión, pero ¿qué puedo hacer si no me surge de manera natural?

Respuesta: Si la compasión no surge de forma natural en ti, no te preocupes, ya que es una habilidad que se puede desarrollar y cultivar. Aquí hay algunas sugerencias sobre cómo puedes fomentar y practicar la compasión: comienza por ser compasivo contigo mismo. Reconoce tus propias luchas y dificultades, y permítete ser amable contigo en esos momentos. Trátate con amabilidad y comprensión, tal como lo harías con un ser querido. Cultiva la empatía, intentando ponerte en el lugar de los demás y comprender su experiencia. Practica escucharlos activamente y prestar atención a las emociones y necesidades de otros, esto te ayudará a conectar con su sufrimiento y generar verdadera compasión. También, puedes practicar pequeños actos de bondad. Por ejemplo, elige sonreír a las personas con las que te encuentres o decirles algunas palabras amables o ayudar a alguien que lo necesite. Practica la gratitud siendo agradecido con lo que tienes en tu vida: tu hogar, familia, amigos, abrigo, etc. Recuerda que la compasión es un proceso de crecimiento personal, y cada pequeño esfuerzo cuenta. Con el tiempo y la práctica, encontrarás que la compasión se vuelve más natural y fluida en tus interacciones diarias.

15. Meditación guiada | Vivir el amor
(duración aproximada 20 minutos)*

Vamos a dedicar este tiempo para conectar con el amor real que reside dentro de nosotros. Encuentra un lugar tranquilo y cómodo donde puedas relajarte sin ser interrumpido. Puedes sentarte o acostarte boca arriba, como tu prefieras. Deja que tu cuerpo se relaje y suelta cualquier esfuerzo físico que estés haciendo ahora. Deja ir cualquier recuerdo del pasado y no pienses en el futuro. Ubícate en el momento presente. Si prefieres, puedes cerrar suavemente tus ojos, o bien descansar tu mirada en un punto fijo que no te distraiga.

Ahora, comienza a llevar tu atención a tu respiración. Vuélvete consciente de tu inhalación y de tu exhalación. Permanece unos instantes atento a ese proceso. Inhala y exhala lenta y profundamente por la nariz. Siente cómo al inhalar el aire entra en tu cuerpo, llenándote de vida, y cómo al exhalar, dejas ir cualquier tensión o preocupación. Permítete soltar cualquier expectativa que esté presente en tu mente, en este momento. Reconoce que el verdadero amor no está condicionado por factores externos, sino que emana de tu propio ser.

---

* Puedes escuchar el audio de esta meditación escaneando el primer código QR que aparece en el libro.

Ahora, lleva tu atención hacia tu corazón. Incluso, si lo deseas, puedes apoyar tus manos en esa zona de tu pecho para sentir el tierno contacto con esa parte de tu cuerpo. Mientras apoyas tus manos, nota si sientes su latir.

Imagina un suave resplandor de luz amorosa que brilla en el pecho. Esta es la esencia del amor real que ya eres. Permítete sentir ese amor fluyendo desde tu corazón hacia todo tu ser.

Practica ser compasivo contigo mismo. Reconoce las diferentes luchas y dificultades por las que has pasado en tu vida, y permítete ser amable contigo en esos momentos. Reconoce lo difícil que está siendo o que puede haber sido para ti. No obstante, elige soltar el rencor o las culpas y tratarte con amabilidad y comprensión, tal como lo harías con un ser querido.

Siente cómo el amor llena cada célula de tu cuerpo, envolviéndote en una cálida sensación de paz y aceptación. Con cada inhalación, imagina que inhalas amor puro y genuino, y lo llevas a cada parte de tu ser. Con cada exhalación, permite que cualquier tensión o resistencia se disuelva, dejando espacio para más amor.

Ahora, lleva esa sensación de amor hacia las personas que te rodean. Imagina a tus seres queridos y amigos y siente cómo ese amor se expande hacia ellos, envolviéndolos en una luz amorosa y resplandeciente. Reconoce que el amor real no busca nada a cambio, sino que se ofrece libremente. Siente cómo te conectas con la alegría de dar amor y permitir que los demás sean quienes son, sin intentar cambiarlos.

Cultiva la empatía, intentando ponerte en el lugar de los demás y comprender sus experiencias. Practica escucharlos y prestar atención a sus emociones y necesidades, que pueden ser muy similares a las tuyas. Esto te ayudará a conectar con su sufrimiento y generar verdadera compasión.

Ahora ve si puedes imaginar que ese amor se extiende más allá de las personas cercanas a ti. Imagina a todas las personas del mundo, sin importar su origen, género, religión o ideología. Siente cómo envías amor y compasión a todas ellas, reconociendo la profunda conexión que hay con la familia humana.

A medida que la meditación llega a su fin, tómate un momento para agradecer por la experiencia del amor real en tu vida. Reconoce que el amor está siempre disponible para ti y que puedes acceder a él en cualquier momento a través de tu propia conexión interna.

Cuando estés listo, suavemente abre los ojos si los has cerrado y lleva contigo esta sensación de amor durante tu día. Recuerda que el amor real es una vibración que siempre puedes cultivar y compartir con el mundo.

16. Práctica para casa | Plan de amor

Una sugerencia es que elijas una semana de tu agenda para hacer un plan de amor. Cada día de la semana te enfocarás en un aspecto diferente de los conceptos que hemos leído.

Lunes: medita

Dirige tu atención hacia tu respiración y observa tus pensamientos y emociones sin emitir juicios. Realizar esta práctica por la mañana puede tener un impacto positivo en tu día, ayudándote a comenzar de manera más equilibrada y consciente.

Martes: escribe un diario de gratitud

Escribe tres cosas por las que estás agradecido en tus relaciones o en tu vida en general. Hazlo por la mañana o antes de dormir.

Miércoles: comunícate de forma consciente

Durante tus conversaciones, ya sea en una reunión familiar o en el trabajo, tómate un instante antes de responder para reflexionar sobre tus palabras y cómo podrían impactar en quienes te rodean. Fomenta la práctica de la escucha activa.

Jueves: establece límites

Identifica una situación en la que necesitas establecer un límite saludable. Di «no» si es necesario y comunica tus límites de manera clara pero respetuosa.

Viernes: autorreflexión

Dedica tiempo a reflexionar sobre tus relaciones y tus comportamientos. Pregúntate: «¿He actuado desde el amor o desde el miedo esta semana?». Identifica áreas en las que puedas mejorar.

Sábado: autocuidado

Dedica tiempo a cuidar de ti mismo. Realiza una actividad que te nutra física, emocional y espiritualmente, como hacer ejercicio, leer, caminar, conversar con amigos o tomar un baño relajante.

Domingo: comparte de corazón

Con las personas más cercanas a ti, como tu pareja, padres, amigos o hijos, reserva tiempo para estar juntos, disfrutar de su compañía y expresar cuánto se aprecian y valoran uno al otro. Comparte tus pensamientos de gratitud.

Puedes repetir este ciclo tantas veces como desees. Esto te permitirá integrar gradualmente estos conceptos en tu vida cotidiana de una manera práctica y constante. Con el tiempo, verás cómo mejoran tus relaciones y tu bienestar general.

Lección 7

LA MEDITACIÓN ES LA MEJOR MEDICINA: SANA LA MENTE Y ALIVIA EL CORAZÓN

Deberías sentarte a meditar veinte minutos todos los días,
salvo que estés demasiado ocupado; entonces deberías sentarte
una hora.

PROVERBIO ZEN

Aunque la medicina y la meditación son enfoques diferentes para el bienestar y la salud, ambas tienen como objetivo mejorar nuestra calidad de vida y promover el equilibrio físico, mental, emocional y espiritual. Mientras que la medicina se centra en el diagnóstico y tratamiento de enfermedades, la meditación se enfoca en cultivar una mayor conciencia y presencia en nuestra vida diaria. Personalmente, la meditación ha sido mi gran salvavidas. Me ha ayudado a lidiar con el estrés, mejorar mis relaciones personales, superar la apatía y encontrar un sentido más profundo en la vida. A través de la práctica de la meditación, recuperé mi sonrisa, aprendí a valorarme y apreciarme tal como soy y he ganado mayor claridad mental para tomar decisiones más conscientes en mis relaciones y en mi vida en general. También me ha permitido descubrir mi verdadera identidad y me ha dado el poder de elegir cómo quiero sentirme. Además, la meditación me ha brindado una fe que nunca antes había considerado, una conexión con algo más allá de mí mismo. Esta apertura ha ampliado los horizontes de mi corazón, permitiéndome relacionarme con lo divino y lo trascendental. La medicina sutil de la meditación ha funcionado para mí, sanando mi mente y mi corazón, equilibrando mi cuerpo y disipando el profundo miedo que solía habitar en mí: el miedo a ser auténticamente yo mismo.

1. La relación entre la meditación y la medicina

La meditación puede ser considerada como una forma de medicina para el ser, que nos ayuda a cuidar y nutrir nuestra mente, cuerpo y espíritu. Al igual que la medicina, la meditación puede tener un impacto positivo en nuestra salud y bienestar en varios niveles.

• **Salud mental**. La meditación ha sido ampliamente estudiada y se ha demostrado que tiene efectos beneficiosos en la salud mental. Puede reducir el estrés, la ansiedad, la depresión y mejorar el estado de ánimo general. La práctica regular de meditación puede ayudar a cultivar una mayor claridad mental, equilibrio emocional y una sensación general de bienestar.

• **Salud física**. La meditación también puede tener efectos positivos en la salud física. Se ha observado que reduce la presión arterial, disminuye la inflamación, fortalece el sistema inmunológico y mejora la calidad del sueño. La práctica de la meditación puede contribuir a una mejor salud general y a una mayor resistencia frente a enfermedades y dolencias físicas.

- **Autocuidado y autorregulación**. Al practicar la meditación, estamos dedicando tiempo y atención consciente a nuestro propio bienestar. Nos estamos cuidando a nosotros mismos a nivel mental, emocional y físico. La meditación nos ayuda a autorregular nuestras reacciones frente al estrés y a cultivar una mayor autoconciencia y autocuidado.

- **Cultivo de habilidades internas**. La meditación nos ayuda a desarrollar y fortalecer ciertas habilidades internas. Estas incluyen la atención plena, la concentración, la autorregulación emocional, la compasión y la aceptación. Estas habilidades pueden ser muy valiosas en la vida cotidiana, ya que nos ayudan a enfrentar los desafíos con mayor calma, claridad y resiliencia.

- **Conexión interna**. A través de la meditación, nos conectamos más profundamente con nosotros mismos, exploramos nuestra propia mente, emociones y cuerpo. Esta conexión interna nos permite conocernos mejor, comprendernos a nosotros mismos y cultivar una mayor autenticidad en nuestras vidas.

Es importante tener en cuenta que, al igual que con la medicina, los resultados y beneficios de la meditación pueden variar de una persona a otra. Sin embargo, muchos estudios y testimonios personales respaldan los efectos positivos que la meditación puede tener en la salud y el bienestar.

2. La meditación es un acto de amor

Así como hemos dicho que la meditación puede ser la mejor medicina, también debemos tener cuidado de no considerarla únicamente como una práctica para sanar, curar o resolver nuestros problemas. Porque si generamos expectativas excesivas o depositamos todas nuestras esperanzas en que algo cambie simplemente por meditar, corremos el riesgo de frustrarnos cuando esas expectativas no se cumplan. Es fundamental recordar este punto.

La meditación no solo es una medicina beneficiosa, sino también un acto de amor hacia nosotros mismos. Es un momento sagrado que nos dedicamos para atendernos, cuidarnos, escucharnos y ser conscientes de nuestras necesidades en cada momento de nuestra vida, algo que a menudo pasamos por alto en nuestra rutina diaria. No debemos culparnos ni castigarnos si no logramos lo que buscamos en la meditación, ni tampoco debemos exigir que las cosas ocurran de manera apresurada o forzada. La meditación es enemiga de la impaciencia y amiga de los procesos naturales y orgánicos. Es común ver a muchos estudiantes que se desilusionan rápidamente en sus primeros intentos de meditar, ya que no alcanzan las expectativas u objetivos que se habían planteado. Lo interesante es que muchos de ellos se acercan a la meditación con la intención de liberarse de las demandas de sus trabajos o relaciones, pero terminan trasladando esas mismas exigencias a su práctica meditativa, cayendo en una trampa similar.

Recuerdo las palabras de mi profesor de meditación, quien solía decirme que era importante despertarse temprano y sentarse a meditar. Sin embargo, también me recordaba que, si por alguna razón no podía levantarme o no quería hacerlo, debía practicar la amabilidad conmigo, sin castigarme, reprocharme ni culparme. Por el contrario, debía ser compasivo conmigo y decirme palabras amables, darme fortaleza y esperanza para intentarlo nuevamente al día siguiente. Descubrí que de esta manera pude establecer el hábito de meditar en mi vida, de manera amable y cuidadosa. En resumen, la meditación es una maravillosa medicina, pero va más allá de eso: es un auténtico acto de amor.

Bob Sharples, autor y terapeuta budista, dice en su *libro Meditación y relajación en inglés sencillo*: «No medites para arreglar algo en ti o para curarte, no medites para mejorarte; en su lugar, hazlo como un acto de amor. Así ya no habrá sitio para esa agresión sutil que es mejorarse a uno mismo, ni para esa culpa interminable de no hacer lo suficiente. Así tendremos la posibilidad de terminar con esa actitud de esforzarnos demasiado que encoge la vida de tanta gente en un nudo. En su lugar, medita como un acto de amor».

3. La búsqueda de autoconocimiento

Hace muchos años, me encontraba inmerso en una búsqueda personal. Quería descubrir los misterios que vivían en mi interior: quién era realmente, cuál era mi propósito, qué sentido tenía la vida. A veces, estas interrogantes me atormentaban y me dejaban inquieto, así que decidí emprender un viaje hacia la soledad, en busca de respuestas.

Mi destino elegido fue el Cabo Polonio, un lugar apartado de la civilización en el departamento de Lavalleja, en Rocha, Uruguay. Ya lo había visitado anteriormente, pero como turista, acompañado de amigos. Sin embargo, esta vez era diferente. Este rincón especial, un pequeño balneario y pueblo de pescadores ubicado a orillas del océano Atlántico, carente de agua corriente y energía eléctrica, me parecía un lugar ideal para estar tranquilo y en silencio durante algunos días.

Así que llené una mochila con ropa, una carpa y un par de libros para acompañarme. Tan pronto llegué, armé mi carpa cerca de la playa y me fui a caminar. Me sentía emocionado con la idea de poder estar en silencio muchas horas y de que, finalmente, me podría encontrar cara a cara conmigo mismo. Luego de una larga caminata por la playa, me senté buscando ese momento de quietud y silencio, así que cerré los ojos y me dispuse a contemplarme y escuchar mi mundo interior.

Pero, ¡oh sorpresa!, apenas pasados quince minutos, mi mente comenzó a rebelarse. Una tormenta de pensamientos invadió mi cabeza: reproches, historias, imágenes y pensamientos negativos que amenazaban con consumirme. No pude soportarlo más. Me levanté de un salto y, completamente frustrado, regresé a mi carpa, la desarmé y me fui. Mi aventura en el Cabo Polonio duró menos de un día. En ese instante, me di cuenta de que no sabía cómo estar en paz conmigo mismo, de que no era capaz de soportar el caos de mis propios pensamientos. Necesitaba aprender a conocerme y, sobre todo, necesitaba ayuda. Pero, ¡tranquilos!, no se preocupen, queridos lectores, esta historia tiene un final feliz... Dos meses después, gracias a la magia del destino, conocí a

Mónica, una persona muy especial, que me habló sobre los beneficios de la meditación. Este encuentro resultó ser el impulso final que necesitaba para comenzar mi viaje hacia el autoconocimiento.

4. El sentido de la vida

¿Tiene algún sentido la vida? Solía hacerme esta pregunta muy a menudo. Sin embargo, creo que no existe una respuesta clara. De hecho, cuando planteo esta cuestión a mis alumnos en el contexto de un curso, muchos se quedan en silencio o consideran que es una pregunta demasiado filosófica e inútil. A pesar de ello, ha sido una pregunta fundamental en mi propio camino de desarrollo personal. El problema reside en que muchas personas buscan su propósito de vida limitándolo a lo que les gusta, a su pasión o a lo que les motiva. No obstante, si esta búsqueda se enfoca únicamente en factores externos, encontrar el verdadero sentido de la vida se vuelve complicado.

En mi opinión, la clave está en darle significado a lo que hacemos en cada momento en lugar de buscar algo fuera de nosotros que nos satisfaga. Aquí es donde la meditación desempeña un papel crucial al trabajar con nuestros recursos internos y comprender que las leyes que rigen nuestro ser son diferentes a las de la realidad exterior.

La meditación no es simplemente una técnica para alcanzar paz o tranquilidad, como mucha gente tiende a pensar. Más bien, se trata de una perspectiva diferente para observar la vida y cómo reaccionamos ante los acontecimientos.

Implica aprender a vivir desde adentro hacia afuera. En la vida, todos enfrentamos desafíos, pérdidas y fracasos. Pero, ¿qué sucedería si en lugar de evadirlos, buscáramos darle un significado a cada experiencia? El sentido de la vida va más allá de la mera búsqueda de la felicidad; se trata de encontrar un propósito en cada vivencia, incluso las negativas. Al adoptar una mirada más amplia, podemos reinterpretar los acontecimientos de nuestra vida y encontrarles un propósito.

La meditación nos permite crear experiencias internas, independientemente de lo que suceda en el exterior. Nos capacita para reconsiderar todas las circunstancias que nos encontramos. Nos damos cuenta de que no necesitamos alcanzar metas materiales para sentirnos felices, sino que podemos experimentar estados internos positivos sin depender del entorno. **De hecho, en mi experiencia, la vida cobra sentido cuando le otorgamos sentido a cada momento presente.** Muchas personas se sientan en sus casas esperando que algo interesante ocurra, pero ¿qué sucedería si adoptáramos una actitud proactiva que hiciera nuestra vida más apasionante?

5. Meditación y autoconocimiento

Uno de los principales beneficios de la práctica de la meditación es que nos permite experimentar la vida desde una perspectiva más espiritual, lo que nos ayuda a interpretar de forma más positiva las situaciones cotidianas. Una pregunta que a menudo me hacen es cómo logro encontrar siempre lo positivo en lo que parece ser negativo. ¿Tú crees que es posible descubrir aspectos beneficiosos en cualquier situación, incluso en las más difíciles, como la pérdida, el fracaso, la muerte o la enfermedad?

¡Yo creo que sí! Cuando trabajamos en nuestra mirada espiritual de la vida, nos abrimos a la posibilidad de encontrar sentido en estas experiencias. La gente, ante lo que no se explica, suele decir «qué suerte tienes» o «qué bueno que tal o cual cosa te salió bien», pero en realidad eso no es suerte, se debe a que seguramente has tenido una actitud positiva ante las circunstancias y las cosas han fluido muy bien.

Recuerdo que en el pasado, perdía lo conexión conmigo y solía enfocarme solo en mis limitaciones y descreer de mis capacidades. Entonces, las cosas me salían mal. Sin embargo, me di cuenta de que todos tenemos poder dentro de nosotros, somos seres poderosos, mucho más de lo que imaginamos, pero a menudo nos limitamos con pensamientos de incapacidad. Decimos cosas como «no puedo», «no sé cómo hacerlo», «no tengo tiempo» o «no sé a dónde ir». Es como si nos hubiéramos olvidado de nuestra propia fuerza y poder. En realidad, somos almas poderosas. **Cuando nos conectamos con nuestra parte espiritual, con nuestro poder interior, trascendemos nuestras debilidades y limitaciones, y la vida cobra sentido,** porque nos sentimos capaces de mucho más de lo que imaginamos. Notamos que nuestra capacidad aumenta en todos los aspectos: tomar decisiones, resolver problemas, estar presentes, comunicarnos. Ya no vemos problemas en la vida, solo circunstancias que requieren de nuestra respuesta. Cuando dejamos de percibir las situaciones como problemas, estamos abiertos a cualquier circunstancia que se presente. Por ejemplo, los buenos futbolistas no se distraen con el público en las gradas, ni con los comentarios de sus rivales, solo se centran en la pelota y su trayectoria. Si miran o escuchan otra cosa, se pierden en el juego. Podemos entender la vida como un juego en el que debemos conocer las reglas y comprometernos en cada jugada. Resulta fascinante reflexionar sobre la idea de que la vida se asemeja a un juego y que debemos estar listos para enfrentar cada situación. No se trata de controlar o dominar a los demás jugadores, sino de jugar nuestra mejor partida, manteniendo la humildad y la fortaleza en todo momento.

6. La meditación como forma de conocerse mejor

Mis alumnos más antiguos de meditación se ríen cada vez que repito una anécdota que ya he compartido en mis libros anteriores. En una ocasión, le pregunté a uno de mis maestros en la India cuál era el secreto para convertirme en un maestro de la meditación. Él hizo una pausa y respondió: «Hay tres cosas importantes que debes hacer: practicar, practicar y practicar».

Al igual que ocurre con los deportes o cuando deseamos desarrollar cualquier habilidad o profesión, el secreto está en la práctica. Lo mismo sucede con la mente. El único secreto es la práctica sistemática. La meditación no solo nos capacita para construir un método que nos permite encontrar momentos de calma cuando los necesitamos, sino también generar un estilo de vida que integra la práctica espiritual en nuestro día a día. Meditar, en esencia, implica dirigir la atención de la mente hacia nuestro mundo interno, convirtiéndonos en el objeto de nuestra propia observación.

A lo largo de la historia, la meditación ha sido definida de diferentes maneras en diferentes contextos. Ha sido practicada desde la antigüedad como parte integral de numerosas religiones y creencias, pero no constituye una religión en sí misma. De hecho, la palabra meditar, «meditāri», proviene del verbo latino «medeor», «curar», que a su vez es origen de las palabras «médico», «medicina» o «remedio».

La meditación se considera desde tiempos ancestrales como el mejor «medicamento» natural para educar los pensamientos y calmar la actividad mental. Sin embargo, requiere disciplina y constancia para practicarla y, en muchas ocasiones, al igual que un remedio desagradable, no es fácil de asimilar.

Esto se debe a que la meditación nos desafía al proponernos algo que va en contra de la dinámica de la sociedad actual, la cual nos presiona constantemente a «mantenernos activos» y a «hacer las cosas rápido». En cambio, la meditación nos anima a «tomarnos un momento para simplemente estar» sin necesidad de hacer algo en particular. No se trata de pasar horas inmóviles o de intentar eliminar nuestros pensamientos. No, lo que hacemos es dedicar tiempo a explorar nuestro mundo interior y aprender de él.

La meditación es un viaje de autodescubrimiento personal, un momento para recuperar el equilibrio y reconectar con el silencio, alejándonos del ruido y la prisa de la vida cotidiana. Meditar es establecer una conexión contigo mismo, es una manera de establecer una relación, y no existe mejor herramienta para lograrlo que la meditación. En resumen, meditar implica iniciar un diálogo interno, comenzando primero con uno mismo y luego extendiéndolo hacia lo divino o trascendental.

7. La universalidad de la meditación

La meditación es una práctica universal que abarca diversas religiones y movimientos filosóficos. Cada uno de ellos la entiende desde su propia perspectiva, pero comparten varios puntos en común. A continuación, les presento un resumen simplificado de cómo se comprende la meditación en algunas de estas tradiciones.

- **Budismo.** La meditación es fundamental para alcanzar la iluminación y liberarse del sufrimiento. Se enfoca en la atención plena y la comprensión de la mente y la realidad.
- **Taoísmo.** La meditación se trata del «cultivo de la energía interior» y busca armonía con el Tao a través de técnicas como la respiración, la visualización y el movimiento lento.
- **Cristianismo.** Se conoce como oración contemplativa y busca la conexión íntima con Dios. Puede incluir la repetición de oraciones, la lectura de textos sagrados o el silencio en la presencia divina.

- **Judaísmo.** La meditación se llama «hitbodedut» y es una comunicación espontánea y directa con Dios. Implica reflexión, introspección y oración silenciosa.
- **Islam.** La meditación, conocida como «muraqaba», involucra la contemplación y el recuerdo de Dios. Se busca una cercanía trascendental con Alá a través de la repetición de nombres sagrados y la introspección.
- **Hinduismo.** La meditación es esencial y diversa, con formas que incluyen la meditación en deidades, mantras, la respiración y la autorrealización.
- **Sikhismo.** Se practica la meditación en el nombre de Dios, llamada «Simran», para establecer una conexión con lo divino y cultivar la conciencia espiritual.
- **Jainismo.** La meditación se centra en la tranquilidad mental, la reflexión y la purificación del alma para alcanzar la autorrealización y la liberación del ciclo de renacimientos.
- **New Age y espiritualidad contemporánea.** Se combinan diferentes prácticas meditativas con enfoques holísticos, esotéricos y de crecimiento personal, como visualizaciones, meditaciones guiadas y técnicas de respiración.

Es importante aclarar que estas descripciones son solo una visión general y que cada religión tiene diferentes tradiciones y enfoques dentro de su práctica meditativa. Además, hay diversas corrientes e interpretaciones dentro de cada religión, por lo que las prácticas y las definiciones pueden variar considerablemente entre distintas comunidades y enseñanzas específicas.

8. Meditación y religión

Como han visto en el apartado anterior, aunque cada religión tiene sus enfoques y prácticas específicas de meditación, todas tienen puntos en común que demuestran que hay un reconocimiento compartido de la importancia de la meditación como una herramienta para la transformación personal y espiritual. Además, todas coinciden en que la meditación es un camino clave para profundizar la relación con lo sagrado y encontrar un mayor sentido de trascendencia. En todas las religiones es importante cultivar la atención plena y la concentración en el momento presente. Se busca calmar la mente, liberarse de los pensamientos distractivos y cultivar una mayor conciencia de uno mismo y del entorno. El autoconocimiento y la transformación personal a través de la práctica meditativa son un punto en común en todos los caminos y también el hecho de comprender más profundamente la naturaleza de la mente para lograr un crecimiento espiritual. Es coincidente la búsqueda de la paz interior y el equilibrio emocional junto con liberarse del apego y la aversión, y desarrollar una actitud de aceptación y compasión hacia uno mismo y hacia los demás. Finalmente, todas están de acuerdo en que meditar es una manera de establecer una conexión directa con algo superior a nosotros mismos.

En este libro, mi enfoque surge de mis experiencias con la práctica del *mindfulness* y, más que nada, de mis aprendizajes en la Universidad Espiritual Mundial Brahma Kumaris, una organización espiritual que promueve la meditación raja yoga como parte central de sus enseñanzas.

Brahma Kumaris comparte el enfoque sobre la meditación del resto de las filosofías y también considera que es una manera de establecer una conexión directa y personal con la fuente suprema, a la que llaman «Shiva» o «Dios». Esto se traduce en experimentar una relación íntima con lo divino.

9. El *mindfulness* y el raja yoga

Como hemos visto, los beneficios de la meditación son profundos y afectan todos los aspectos de nuestra vida. Sin embargo, no debemos verla como una solución mágica para resolver todos nuestros problemas.

En mi propia experiencia, he explorado dos enfoques diferentes para meditar, cada uno con su propia filosofía, técnicas y características valiosas y únicas

Uno de ellos es el *mindfulness* o atención plena, una práctica contemplativa que nos enseña a vivir de manera consciente. No busca transformar nuestros pensamientos, sino observarlos a medida que fluyen en nuestra mente, permitiéndonos tomar cierta distancia para contemplarlos con aceptación. El *mindfulness* va más allá de ser una técnica de meditación, es un estilo de vida y una forma de estar en el mundo que nos educa en la habilidad de permanecer presentes en cada momento, atentos a lo que ocurre dentro y fuera de nosotros. Esta práctica puede adoptar diferentes posturas, ya sea meditando sentados, acostados o realizando movimientos conscientes.

Por otro lado, también he estudiado y profundizado en el conocimiento del raja yoga, el cual tuve la oportunidad de aprender en la India, en la Universidad Espiritual Mundial Brahma Kumaris. Este conocimiento es un viaje profundo de autodescubrimiento que me ha enseñado sobre los aspectos más sutiles de mi ser y mi verdadera identidad. A través de sus enseñanzas, he logrado vivir la vida y mis relaciones desde una perspectiva más espiritual. El raja yoga me ha proporcionado las herramientas sutiles y precisas para establecer una conexión única y espiritual con el ser supremo o Dios. Al igual que el *mindfulness*, el raja yoga no es solo una técnica, sino un estilo de vida que no requiere rituales, dogmas, ni mantras, y que puede practicarse en cualquier momento y lugar. Ambas prácticas, el *mindfulness* y el raja yoga, han sido fundamentales en mi proceso de autotransformación y se reflejan en cada una de las experiencias que comparto en estas páginas.

10. Seis pasos para iniciarte en la práctica de la meditación

La meditación es como un laboratorio interno donde tú eres el científico que observa los experimentos que aparecen en la mesa de la mente. Es un proceso que ocurre a través de un diálogo interior, en el cual, utilizando los recursos de la mente, vamos creciendo paso a paso hasta alcanzar una experiencia. Como si subiéramos por una escalera, donde cada escalón está conectado y en el último peldaño está la experiencia.

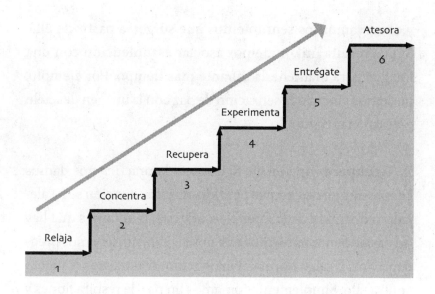

Te propongo que revisemos juntos cada paso…

1. **Relaja**. El primer escalón de la práctica consiste en relajar el cuerpo y adoptar una postura cómoda, ya sea sentado o acostado boca arriba. La postura debe ser lo suficientemente alerta y erguida como para evitar quedarnos dormidos. Podemos optar por cerrar los ojos o dirigir nuestra mirada hacia un punto que no resulte distractor. Tomamos unas respiraciones profundas y comenzamos a desconectarnos de todo lo externo, liberando tanto el pasado como el futuro, para así situarnos plenamente en el momento presente.

2. **Concentra**. A continuación, seleccionamos una intención que deseemos experimentar, como estar presentes, percibir el silencio, sentir paz o conectarnos con nuestro cuerpo. Dirigimos nuestra energía mental hacia esa intención

y observamos los sentimientos que surgen a partir de ella. Si nos resulta útil, podemos asociar esa intención con una imagen para mantenerla durante más tiempo. Por ejemplo, podemos vincular la sensación de paz con la imagen del cielo o de un mar tranquilo.

3. **Recupera** (opcional). Si durante la práctica nos damos cuenta de que nos hemos perdido, nuestra atención se ha alejado o distraído de la intención original, o notamos que hay demasiados pensamientos que nos visitan, no debemos preocuparnos. Es algo normal. No debemos frustrarnos ni luchar contra ello. Simplemente tomamos un par de respiraciones y volvemos lentamente al escalón uno.

4. **Experimenta**. En un determinado momento, gracias a nuestra concentración y observación, la imagen o concepto que estábamos contemplando en nuestra mente se convierte en una experiencia tangible. En ese instante, nos convertimos en el observador silencioso de dicha experiencia. Por ejemplo, si estábamos contemplando el concepto «paz», ahora nos convertimos en esa «paz». Sentimos cómo somos inundados por la paz y cómo irradiamos ese sentimiento de tranquilidad.

5. **Entrégate**. El siguiente paso consiste en entregarnos por completo a la experiencia que estamos viviendo. Lo hacemos sin analizarla, juzgarla o compararla. Nos sumergimos en una profunda aceptación de cada sensación y emoción que surge. Nos encontramos en un estado de quietud, en el abrazo del silencio. Nos permitimos estar plenamente presentes, sin

resistencia ni expectativas, simplemente siendo testigos de todo lo que se manifiesta en nuestro interior.

6. **Atesora**. En cada sesión de meditación, siempre obtenemos algo nuevo: ya sea un entendimiento más profundo, sentimientos enriquecedores o experiencias transformadoras. Todo lo que experimentamos, tanto lo placentero como lo desafiante, se convierte en valiosos tesoros que forman parte integral de nuestro viaje. Los guardamos dentro de nosotros con cariño, como una fuente de aprendizaje y crecimiento. Con el tiempo, estos tesoros se convertirán en la base sólida de nuestras nuevas actitudes, pensamientos y comportamientos.

Una sugerencia que ha sido sumamente beneficiosa para mi propio crecimiento y progreso en la práctica personal es mantener una libreta dedicada a «Revisar y Cambiar». En ella, puedo registrar mis logros, dudas, descubrimientos y desafíos. Al finalizar una meditación, me tomo el tiempo para revisar y reflexionar sobre la experiencia. Me hago preguntas como: «¿Qué fue diferente en esta sesión?» «¿Hubo nuevos sentimientos o perspectivas?» «¿Qué he aprendido acerca de mí mismo?». Al plasmar mis observaciones y experiencias en papel, puedo aprovecharlas en futuras prácticas y utilizar la libreta como una valiosa herramienta para el crecimiento continuo.

Estos pasos están basados en la práctica de la meditación raja yoga, aunque comparten muchos escalones en común con el resto de las practicas meditativas de la mayoría de las religiones y tradiciones universales.

11. El compromiso con tu práctica

*El verdadero compromiso con la práctica de la meditación es
cuando yo paso a ser el primero en mi lista de prioridades.*

MOIRA LOWE

Es posible que en tu práctica no hayas logrado pasar por los seis pasos, pero no dejes que eso te frustre; es algo normal. Al igual que en cualquier actividad, hay días en los que te sientes cansado y no tienes la fortaleza mental para sentarte a meditar. En ocasiones, tu mente estará dispuesta y atenta, mientras que en otras será un caos. Puede que en ciertos momentos solo desees meditar unos minutos con la única intención de relajarte o distraerte de la rutina, y eso está bien. Utiliza esos momentos como recordatorio de que la meditación es un «acto de amor», un regalo que te haces a ti mismo. Sé compasivo y amable con tus esfuerzos en lugar de criticarte o castigarte por no practicar. Háblate amablemente y date esperanzas para practicar al día siguiente.

No obstante, si tu intención es transformar aspectos profundos de tu personalidad, conectar con tu ser más profundo o alcanzar estados de paz y silencio, es recomendable dedicar al menos de quince a treinta minutos diarios para comenzar. Si realmente deseas hacer cambios profundos y duraderos en tu vida, debes comprometerte y considerarte tu prioridad más importante. Debes abrazar la posibilidad de hacerte cargo de cómo te sientes. Es decir, cuando tu estado interno se convierte en lo más importante y determina la calidad de todo lo que haces, tu vida comienza a verse de manera diferente.

Absolutamente todo lo que haces está influenciado por tu estado interno. Si estás agotado, de mal humor, alegre o con miedos, así será tu actitud al tomar decisiones y los resultados que obtendrás. Tu estado interno determina cómo te relacionas con las personas, tu capacidad para enfrentar situaciones y tu claridad para resolver problemas, entre otros aspectos. Esta es la transformación que la meditación genera: crear un estado interno en el que te haces cargo de tus pensamientos, emociones y de lo que deseas en la vida.

12. La mente: dominando al caballo salvaje

Imagina un caballo desbocado corriendo a toda velocidad, sin obedecer las órdenes del jinete y sin seguir un rumbo específico. Este caballo representa una mente llena de pensamientos desordenados y confusos. Así como resulta difícil controlar un caballo desbocado, también puede ser complicado controlar una mente caótica. Los pensamientos aparecen y desaparecen sin previo aviso, llevando la mente de un lado a otro sin dirección clara. La mente salta rápidamente de un tema a otro, dificultando la concentración y desequilibrando la estabilidad mental. Lo curioso es que tú eres el jinete y se supone que tienes las riendas, que tienes el control. ¿Lo tienes? El dominio de la mente ha sido anhelado por todos los grandes sabios espirituales a lo largo de la historia y, a pesar de ello, sigue siendo un misterio. A través de la práctica de la meditación, buscamos desarrollar la capacidad de observar los pensamientos sin apegarnos ni identificarnos con ellos.

Tratamos de cultivar la habilidad de elegir y dirigir conscientemente nuestros pensamientos hacia un enfoque más positivo y constructivo.

13. Los mitos de la meditación

Existe una concepción popular errónea acerca de que la meditación consiste en simplemente sentarnos con las piernas cruzadas, cerrar los ojos e intentar dejar la mente en blanco. Además, se sugiere equivocadamente que la meditación es exclusiva para personas espirituales o religiosas, o que muchos la usan para evadirse de la realidad. También se dice que al meditar debemos vaciar la mente de pensamientos o huir de ellos, ignorarlos, eliminarlos o incluso barrerlos. Sin embargo, todas estas ideas distorsionadas no solo se alejan de la verdadera naturaleza e intención de la meditación, sino que también contradicen la esencia misma de la mente, que es pensar.

En realidad, la mente tiende a generar pensamientos de forma natural. La meditación no busca suprimir ni rechazar este flujo de pensamientos, sino más bien cultivar una actitud de observación y aceptación hacia ellos. **La verdadera esencia de la meditación no radica en luchar, sino en aceptar lo que se manifiesta en la mente tal como es.** En lugar de intentar erradicar los pensamientos o barrerlos, la meditación nos invita a ser conscientes de ellos y permitirles pasar sin identificarnos con ellos. Reconocemos que los pensamientos son eventos mentales pasajeros y que no tienen por qué dominar nuestra experiencia presente. Al observar los pensamientos con aceptación y sin juicio, podemos desarrollar una mayor claridad mental y establecer una relación más saludable con nuestra actividad mental en constante cambio.

La práctica de la meditación nos ayuda a comprender que no somos esclavos de nuestros pensamientos y que no estamos obligados a seguir cada pensamiento que surge. A medida que nos sumergimos en la práctica, aprendemos a reconocer la naturaleza cambiante de los pensamientos y a no aferrarnos a ellos. Esta comprensión nos brinda una libertad mental que nos permite responder de manera más consciente y sabia a los pensamientos que surgen.

14. Qué son los pensamientos

Los pensamientos son una forma de energía en constante movimiento, pero no es cualquier tipo de energía, sino una energía consciente, sutil y poderosa. Estos pensamientos influyen en nuestra percepción, emociones, palabras y acciones, y se cree que tienen la capacidad de crear nuestra realidad y dar forma a nuestra experiencia de vida. En el contexto de la meditación, los pensamientos se consideran eventos mentales pasajeros que surgen en la conciencia. Se los ve como una parte natural de la experiencia humana y se les da espacio y atención sin juzgarlos ni aferrarnos a ellos. En lugar de tratar de suprimirlos o controlarlos, se trata de observarlos de manera objetiva sin identificarnos con ellos. Se busca cultivar una actitud de atención y aceptación hacia los pensamientos, permitiéndoles surgir y desvanecerse sin reaccionar emocionalmente o engancharse en ellos.

En la práctica de la meditación, observamos los pensamientos con una mente amplia y curiosa, reconociéndolos simplemente como fenómenos mentales. Usando una metáfora, los podemos imaginar como «nubes pasajeras» en el cielo de la conciencia. Al observar los pensamientos con la actitud de ser un «observador imparcial», desarrollamos una mayor conciencia de su naturaleza cambiante y disminuimos la identificación con ellos. Esto nos ayuda a liberarnos de patrones de pensamiento negativos o perjudiciales y a cultivar una mayor claridad mental y equilibrio emocional. También, la calidad de nuestros pensamientos es fundamental para nuestro crecimiento espiritual y bienestar general. Si creamos pensamientos positivos y elevados, como paz, amor, gratitud y compasión, podemos experimentar una mayor conexión con nuestra esencia más pura y elevada.

El primer error es pensar que lo que pensamos no tiene consecuencias y el segundo, que lo que decimos tampoco las tiene. Sin embargo, se sabe que lo que pensamos afecta lo que sentimos y lo que sentimos afecta a lo que sucede en nuestro cuerpo. La palabra tiene la capacidad de sanar o enfermar. Es importante saber esto para que seamos más vigilantes de lo que pensamos y de lo que decimos, y no estemos constantemente dándole vueltas a pensamientos negativos, perturbadores llenos de resentimiento o perturbación, ni soltar palabras según nos venga en gana. Darnos cuenta de que tenemos ese poder de influir, y con el poder va siempre la responsabilidad.

MARIO ALONSO PUIG

15. Algunas características de los pensamientos

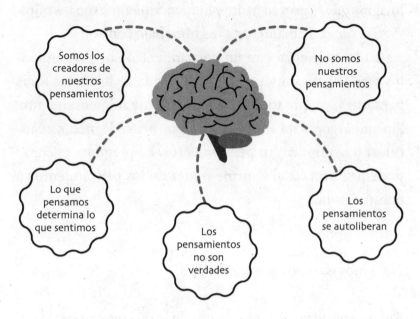

Somos los creadores de lo que pensamos

Somos los creadores de nuestros pensamientos. Los pensamientos están constantemente presentes en nuestras cabezas, como un tren que gira sin cesar en nuestro interior, incluso cuando estamos dormidos. Aunque esto ha sucedido desde tiempos antiguos, todavía no hemos descubierto completamente los secretos del acto de pensar y cómo manejarlo de manera adecuada. Los pensamientos son energía en movimiento y se manifiestan a través de imágenes, palabras, sonidos, conceptos e ideas. Aunque son invisibles para el ojo humano, tienen un impacto en nuestras emociones y comportamientos en la vida. Son la forma más importante de energía creadora que existe y nosotros somos quienes los generamos. Imagina que tú eres su padre y los pensamientos son tus hijos. ¿Serías capaz de mantener a tus hijos bajo control?

Todo comienza con un pensamiento. Los pensamientos son de gran importancia para la vida de todos los seres pensantes, ya que toda creación parte de un pensamiento. Sin embargo, hasta ahora no hay una forma de medir, cuantificar o manipular los pensamientos. La pregunta es cómo podemos utilizar el enorme poder de los pensamientos a nuestro favor.

No somos nuestros pensamientos

Aunque resulte difícil separarnos de lo que pensamos, es importante recordar que no somos nuestros pensamientos. La meditación nos brinda una poderosa herramienta para observar y reconocer lo que pensamos. Con práctica y experiencia, podemos aprender a educarlos o incluso trascenderlos. Cuando nos sentamos en silencio y nos disponemos a meditar, es posible que nos veamos inundados por una avalancha de pensamientos. Reconocerlos y lidiar con ellos puede resultar desafiante al principio. Los pensamientos son como los cambios climáticos, siempre cambiantes. Por la mañana puede estar nublado y ventoso, por la tarde puede salir el sol y por la noche puede haber lluvia en nuestra mente. Se estima que tenemos alrededor de cincuenta mil pensamientos al día; entonces, la pregunta es qué hacemos con toda esa energía viva en nuestra cabeza. ¿Será posible controlarla?

A medida que avanzamos en nuestra práctica de meditación, nos damos cuenta de que no somos prisioneros de esos pensamientos. Podemos observarlos como si fuéramos testigos que toman cierta distancia, permitiéndonos comprender mejor lo que está sucediendo en nuestra mente. En ese espacio de observación, podemos desarrollar una relación más saludable y consciente con lo que pensamos, liberándonos de la identificación y el apego a ellos. Somos mucho más que lo que pensamos: somos el observador consciente de ellos, el ojo que los observa y vigila. Y con mucha práctica y experiencia, podemos crear una mente más tranquila y equilibrada.

Los pensamientos se autoliberan

Imagina una olla con agua hirviendo: las burbujas se juntan en el fondo y luego suben hasta desaparecer en la superficie. Los pensamientos funcionan de manera similar. No se trata de dejar la mente en blanco ni de eliminarlos. Si intentas forzar tu mente a no pensar, te frustrarás o terminarás con dolor de cabeza. Cuanto más intentes escapar de los pensamientos, más te perseguirán. Según Jon Kabat-Zinn, no tenemos que hacer nada con los pensamientos, solo dejarlos pasar y liberarse por sí mismos. Incluso los pensamientos densos y negativos que puedas tener, se irán solos. Los pensamientos llegan, permanecen un tiempo en nuestra mente y luego se van. Son como pasajeros en tránsito: llegan al aeropuerto y hacen el *check-in*, esperan su vuelo y luego despegan para volar.

Pero no necesitas creer todo lo que te estoy diciendo, lo mejor es que lo compruebes por ti mismo. No es algo fácil de hacer, pero tampoco es imposible. ¿Cómo hacerlo? Siéntate unos minutos contigo, respira conscientemente un par de veces, observa tu mente con atención y lo verás por ti mismo.

Los pensamientos no son verdades

Los pensamientos no son verdades absolutas. Aceptar esta afirmación requiere un gran esfuerzo, ya que nuestra tendencia ha sido creer que lo que pensamos es una certeza y está muy cerca de la verdad absoluta. Desde que éramos niños, nuestro ego nos ha convencido de ello. Sin embargo, desafiar esta perspectiva arraigada es un reto considerable, ya que implica cuestionar todas las narrativas y creencias que tenemos sobre cómo ser felices, alcanzar el éxito o evitar el sufrimiento. La invitación es atreverte a desafiar tus viejas coordenadas de pensamiento, tus antiguos mapas, y tener el coraje de trazar nuevos caminos. **Si deseas despertar a una nueva conciencia y adoptar patrones de pensamiento que te lleven a una mejor calidad de vida, es necesario reconocer que tus pensamientos pueden ser ilusiones que no reflejan necesariamente la realidad tal como es.** Son solo opiniones temporales o viejas creencias que has mantenido durante mucho tiempo.

Cuando aceptas que tus pensamientos son flexibles y no son verdades fijas, te liberas de la rigidez mental, reduces tu apego emocional, te animas a cuestionar muchos conceptos, te adaptas mejor a las circunstancias cambiantes y, lo más importante, estás abierto a aprender y crecer personalmente. En un solo segundo, aparecen nuevas perspectivas y posibilidades que te permiten experimentar una mayor libertad mental y emocional. La clave reside en estar dispuesto a cuestionar y reevaluar constantemente tus pensamientos para crear una vida más auténtica y plena.

Lo que pensamos determina lo que sentimos

Desde niño, crecí con la idea de que, si algo sale mal, debería sentirme mal, y si algo sale bien, debería sentirme bien. ¿Es esto realmente cierto? ¿Existe la posibilidad de que, incluso cuando las cosas no salgan bien, pueda tener pensamientos positivos? ¡Yo creo que sí!

La afirmación de que «lo que pensamos determina lo que sentimos» muestra la estrecha conexión que existe entre nuestros pensamientos y emociones y cómo se influyen mutuamente. Es decir, los pensamientos y las creencias sobre nosotros mismos, los demás y el mundo que nos rodea tienen un impacto significativo en lo que sentimos. Si tenemos pensamientos negativos o pesimistas, es más probable que experimentemos emociones como tristeza, ansiedad o ira. Por otro lado, si tenemos pensamientos positivos y constructivos, es más probable que experimentemos emociones como alegría, gratitud y tranquilidad.

Si una persona suele tener el pensamiento recurrente de que es incapaz o no es lo suficientemente buena, es probable que sienta frustración, tristeza o desesperanza. Sin embargo, si la misma persona cree que es valiosa, capaz y digna de amor y respeto, es más probable que experimente confianza, satisfacción y felicidad. El mundo emocional es directamente influenciado por la calidad de los pensamientos que tenemos.

Es importante tener en cuenta que dos personas pueden enfrentar la misma situación, pero sus interpretaciones y pensamientos pueden ser completamente diferentes, lo que resulta en emociones distintas. Una persona puede considerar un cambio en el trabajo como una oportunidad emocionante, mientras que otra puede interpretarlo como una amenaza y sentir mucha ansiedad. **Aunque no siempre tenemos un control total sobre las circunstancias externas que nos rodean, sí tenemos cierto grado de control sobre nuestros pensamientos y cómo interpretamos las situaciones. Eso depende de nosotros.** Al ser conscientes de nuestros pensamientos y cuestionar su validez, podemos influir de manera positiva en nuestras emociones. A través de la práctica de la meditación, podemos cultivar pensamientos que promuevan emociones más saludables y constructivas. De esta manera, podemos trabajar activamente en mejorar nuestra calidad de vida.

16. Reflexiona sobre este capítulo

- ¿Cómo describirías tu relación actual con tus pensamientos? ¿Cómo influyen en tus emociones y comportamientos?

- ¿En qué situaciones de mi vida siento que he permitido que mis pensamientos negativos me afecten emocionalmente?
- ¿Cómo podría aplicar la noción de que los pensamientos no son verdades absolutas en mi vida diaria?
- ¿Cómo podría practicar el cultivo de pensamientos más positivos y constructivos en mi vida cotidiana?
- ¿Cómo podría aplicar la idea de que lo que pensamos determina lo que sentimos en situaciones específicas de mi vida?

17. Preguntas y respuestas

Pregunta: ¿Cómo puedo aprender a manejar mis pensamientos y mejorar mi relación con ellos para influir positivamente en mis emociones y en mi vida en general?

Respuesta: La meditación, en mi opinión, ofrece la mejor respuesta a tu pregunta. Los pensamientos poseen una naturaleza sutil e invisible, y para gestionar esta energía necesitamos una herramienta igualmente sutil e imperceptible, como es la meditación. Al dominar la práctica de la meditación, adquirimos la capacidad de examinar con claridad nuestros pensamientos y su influencia en nuestras emociones y comportamientos. Reconocemos que así como es la semilla de un pensamiento, así será el fruto en la forma de una emoción. Por ello, te invito a tomarte un momento para meditar y estar en silencio. Observa y escucha cada pensamiento, entabla una relación amistosa con ellos en lugar de luchar, juzgar o resistirlos. Aprende a apreciar y valorar tus pensamientos, sean positivos o negativos. Con el tiempo, te encontrarás convirtiéndote en el maestro de tu proceso de pensar. Tus pensamientos comenzarán a trabajar en tu beneficio en lugar de estar en tu contra.

18. Meditación guiada | Los seis pasos para meditar
(duración aproximada 20 minutos)*

Bienvenido a esta meditación guiada. La intención para esta práctica es relajar el cuerpo, experimentar paz en la mente y amor en el corazón.

Encuentra un lugar tranquilo donde puedas estar cómodo y sin distracciones. Puedes sentarte en una postura erguida pero relajada, o acostarte boca arriba con las manos a los costados. Puedes elegir si quieres cerrar suavemente los ojos o descansar tu mirada en algún lugar que no te distraiga. Comencemos.

1. Relaja
Inhala y exhala por la nariz, sintiendo cómo el aire entra en tu cuerpo y luego sale, liberando cualquier tensión que puedas sentir. Lleva tu atención a los pies y permíteles relajarse completamente. Recorre tu cuerpo desde los pies en dirección a la cabeza, pasando por todos tus miembros. Sientes ambas piernas y suelta cualquier tensión que sientas allí...

---

* Puedes escuchar el audio de esta meditación escaneando el primer código QR que aparece en el libro.

Siente cómo la sensación de relajación se extiende por las piernas, la cadera y el abdomen. Deja que tu pecho y hombros se suelten, liberando cualquier carga que puedas llevar en ellos. Permite que los brazos y manos se vuelvan pesados y tranquilos.

2. Concentra

Ahora, elige la intención de experimentar paz y silencio en tu mente, relajación en tu cuerpo y amor en tu corazón. Visualiza un hermoso cielo azul o un mar tranquilo. Siente cómo esa imagen se conecta con la sensación de paz y calma que deseas experimentar. Permítete estar presente en este momento, solo enfocado en esta intención.

3. Recupera (opcional)

Si durante la práctica te encuentras con pensamientos que te distraen, no te preocupes. Es normal que la mente divague. Simplemente reconoce gentilmente lo que ha sucedido y vuelve tu atención a la imagen del cielo azul o el mar tranquilo. Utiliza unas cuantas respiraciones profundas para regresar al momento presente.

4. Experimenta

Concéntrate en la imagen del cielo o el mar y permite que esa sensación de paz y silencio se convierta en una experiencia palpable. Siente cómo la calma te envuelve y cómo cualquier ruido mental va desvaneciéndose. En este estado de serenidad, puedes notar cómo cada parte de tu cuerpo se siente relajada y en armonía.

5. Entrégate

Permítete sumergirte completamente en esta experiencia de paz y silencio. Deja de lado cualquier juicio o análisis y simplemente *sé testigo de la tranquilidad que surge en tu interior. Siente cómo te conectas contigo mismo y con ese amor que reside en tu corazón. Permítete estar presente en esta quietud y en el abrazo del silencio.*

6. Atesora

Reconoce el valor de esta experiencia. Todo lo que has experimentado durante esta meditación —la paz en tu mente, la relajación en tu cuerpo y el amor en tu corazón— son tesoros que te acompañan en tu camino de crecimiento personal. Llévalos contigo y utilízalos para nutrir tu bienestar y autodescubrimiento.

Ahora, tómate unos momentos para quedarte en este estado de paz y amor. Siente cómo se expande a tu alrededor y cómo puede irradiar hacia el mundo que te rodea.

Cuando estés listo para regresar al presente, hazlo lentamente. Abre los ojos si los tenías cerrados y lleva contigo esta sensación de serenidad y amor a lo largo de tu día.

Recuerda que siempre puedes volver a esta meditación cuando desees conectar con la paz, el silencio y el amor en tu interior.

19. Práctica para casa | Cultivar una mente positiva
(duración aproximada entre 20 y 30 minutos)

Objetivo
Practica la observación consciente de tus pensamientos para crear una relación más saludable con ellos y explorar cómo influyen en tus emociones y comportamientos.

Pasos

- **Prepárate.** Encuentra un lugar tranquilo en tu hogar donde puedas estar cómodo y sin distracciones. Puedes sentarte en una silla o en el suelo, lo que te resulte más cómodo. Asegúrate de que el ambiente sea propicio para estar en silencio y con tranquilidad.

- **Respira conscientemente.** Cierra los ojos suavemente y comienza a enfocarte en tu respiración. Inhala y exhala conscientemente liberando cualquier tensión.

- **Observa tus pensamientos.** Una vez que te sientas más equilibrado, comienza a observar tus pensamientos como si fueras un espectador neutral. Deja que los pensamientos vengan y vayan sin juzgarlos. Imagina que estás mirando una pantalla mental donde aparecen y desaparecen los pensamientos.

- **Reconoce los pensamientos.** A medida que observes tus pensamientos, intenta reconocerlos de manera neutral, sin juzgarlos. Puedes decir: «Este es un pensamiento positivo», «Este es un pensamiento negativo» cada vez que notes que estás pensando. Esto te ayudará a separarte de los pensamientos y a reconocer que tú no eres tus pensamientos; eres su observador.

- **Explora tu estado emocional.** A medida que observas tus pensamientos, también presta atención a las emociones que surgen de estos. Puedes preguntarte: «¿Qué sentimientos se desprenden de este pensamiento?». Tan solo observa con curiosidad.

- **Relaciónate con los pensamientos.** A medida que continúas observando, nota cómo te relacionas con tus pensamientos. Recuerda que tus pensamientos no son verdades, son solo pensamientos. ¿Te identificas intensamente con ellos o puedes mantener cierta distancia? ¿Puedes apreciar la diversidad de tus pensamientos sin sentirte atrapado por ellos?

- **Elige conscientemente.** Luego, elige un pensamiento recurrente que pueda tener un impacto en tus emociones. Examina este pensamiento desde diferentes perspectivas. Pregúntate, ¿es una verdad absoluta o una interpretación? ¿cómo podrías ver este pensamiento de manera más positiva o realista?

- **Reflexiona.** Abre los ojos suavemente cuando te sientas listo. Tómate un momento para reflexionar sobre la experiencia. ¿Qué has aprendido sobre tus patrones de pensamiento y cómo influyen en tus emociones? ¿Qué pasos podrías tomar para cultivar una relación más saludable con tus pensamientos?

Este ejercicio es una práctica personal y no hay respuestas correctas o incorrectas. La intención es desarrollar una mayor autoconciencia y autoaceptación, así como fortalecer tu capacidad para influir positivamente en tus pensamientos y emociones.

La lección oculta

CONECTA CON DIOS.
ÉL ESTÁ DISPONIBLE

¡Felicidades, lector! Has descubierto el capítulo oculto, la joya secreta de este libro. Aquí encontrarás la base misma de todas las lecciones compartidas: una profunda exploración de la divinidad. Disfruta esta experiencia trascendental y permítele guiarte hacia un mayor entendimiento de ti mismo y del mundo que te rodea. Que este encuentro con lo sagrado sea una recompensa en tu camino hacia el autoconocimiento y la plenitud.

1. Una experiencia trascendental

Un día, mientras meditaba, algo fuera de lo común sucedió. Fue algo extraordinario. Una energía suave y delicada me envolvió y me abrazó de manera especial, llenándome con un amor y afecto únicos. No era un abrazo físico, sino algo sutil y diferente, un sentimiento que nunca antes había experimentado, algo realmente especial. Era evidente que esto trascendía lo humano, era una experiencia sobrenatural.

En ese momento de éxtasis, intenté comprender lo que estaba ocurriendo. Quise expresar palabras de agradecimiento o dejar escapar un suspiro de asombro, pero nada salió de mis labios. Me sentía flotando en un océano de paz, más allá de la razón, entregándome por completo a esa experiencia de dicha absoluta y serenidad. La experiencia tenía un detalle peculiar: me sentía sutilmente separado de mi cuerpo, como si fuera una pequeña estrella brillante en el inmenso cielo nocturno. En ese momento, el primer recuerdo que apareció en mi mente fue el de sentirme como un bebé mecido amorosamente en la cuna por los brazos de mi madre. Esta experiencia estaba impregnada de un profundo sentido de pertenencia y seguridad, desprovista de miedo y llena del más maravilloso amor. No sé cuánto tiempo pasó, tal vez solo fueron unos minutos, pero al concluir este episodio, me di cuenta de que yo ya no era la misma persona. Mi corazón desbordaba de energía amorosa y mi mente se sumergía en un profundo silencio. Sentía que no necesitaba absolutamente nada y, al mismo tiempo, lo tenía todo. Mi estado de felicidad persistió durante todo el día. Más tarde, decidí llamar a esta experiencia «un toque del amor de Dios». Para mi asombro, esta sensación se repitió semanas después y, afortunadamente, sigue ocurriendo hasta el día de hoy. Pueden imaginar cómo este episodio transformó mi vida por completo.

Este contacto con lo divino no solo me regaló una experiencia elevada, sino que también dejó una marca imborrable en mi ser. Desde entonces, mi vida se ha enriquecido con una profunda conexión con lo sagrado. Aunque aún desconozco por qué esto me ocurrió a mí, es un misterio que agradezco profundamente. Ahora permito que mi vida sea guiada por la energía del amor y la gratitud. Siento que mi propósito actual es compartir la alegría y la paz que emanaron de aquel inolvidable encuentro con lo divino. Es increíble cómo un solo instante, un contacto fugaz con lo divino, fue suficiente para reconfigurar mi existencia y darme una perspectiva renovada sobre el sentido de la vida. Ahora, mi camino está lleno de propósito y significado, guiado por la sabiduría divina y en constante búsqueda del crecimiento interior.

Esta experiencia que acabo de compartirte es la base de todas las enseñanzas que he escrito en este libro. El encuentro que tuve aquel día y los sucesivos encuentros que he experimentado han dado forma a las ocho lecciones de este libro. Se podría decir que mi conexión con lo divino o con Dios y el conocimiento recibido, han sido la fuente de inspiración para cada capítulo. Además, ese encuentro sagrado abrió algo sutil dentro de mí, como si mi conciencia hubiera estado cerrada por un candado que ese día se abrió. Esto me permitió entender y vivir varias cosas de las que nunca antes había sido consciente:

- Que el encuentro con Dios puede ser una experiencia genuina.
- Que la relación con Dios es con «alguien» y no con «algo».
- Que puedo experimentar que Dios me conoce y comprende quién soy.
- Que Dios es un Ser que está plenamente consciente y vivo.
- Que el amor de Dios hacia mí es infinito y sin condiciones.

Nota: Es importante aclarar antes de seguir que cuando menciono a «Dios», me estoy refiriendo a mi experiencia personal con este Ser o Entidad, la cual no está relacionada con la concepción de Dios en las diversas religiones o filoso-fías que existen.

Aclarado esto, y resumiendo, para mi Dios es un ser que está vivo y es real. No lo puedo comprobar racionalmente, pero me da igual, ya que lo puedo sentir en toda su dimensión. Siento que puedo relacionarme con Él de diversas formas, como un padre, una madre, un guía o un maestro. Es alguien que me conoce, me cuida y me escucha. En mi experiencia, cada vez que lo recuerdo, Él me recuerda. Cada vez que pien-so en Él, Él también piensa en mí. Al sentarme a meditar y dirigir mi atención a sus cualidades, establezco un diálogo silencioso y poderoso, una conexión directa con Él.

2. Creer o no creer

Los que se sienten aburridos en la vida
están buscando entretenimiento
para sus mentes.
Los amantes de Dios siempre están contentos
y serenamente felices,
porque no son alimentados por la mente,
sino más bien nutridos a través del corazón.

MOOJI

Desde mi punto de vista, la no creencia de algunas personas en la realidad de Dios se basa en el hecho de que a Dios no se lo ve. Sin embargo es curioso, ya que creemos en la reali-dad de un sinnúmero de cosas que no podemos ver. Además, podemos aceptar otras realidades invisibles y no verificables desde la perspectiva científica. Por ejemplo, ¿cómo puedes probar científicamente que amas a tus hijos o a tu pareja? Y, sin embargo, sabes con certeza que lo haces. ¿Estarías dispuesto a catalogar esa experiencia como falsa?

No podemos ver el viento, pero sabemos que es real, sobre la base de cómo afecta las cosas alrededor de él. No podemos ver el olor ni el sonido, pero su realidad es evidente para todos los que pueden oler y escuchar. Dentro de nuestro universo, la realidad no se demuestra simplemente por lo que podemos ver o calcular con números, sino también por lo que sentimos, la confianza que tenemos en la historia y lo que parece posible.

Si para ti Dios es tan real como lo es para mí, entonces nos enfrentamos a una pregunta más personal. ¿Podemos conocer a este Ser invisible? ¿Es posible relacionarnos con Él? Si la naturaleza de las cosas espirituales es que no se las puede percibir con los cinco sentidos, a Él se lo puede conocer mediante una relación de amor.

3. La conexión divina

Antes de que comiences a leer este texto, me gustaría decirte que todo lo que voy a compartir contigo lo haré con el mayor de los respetos por tus creencias o tu fe, incluso si no tienes ninguna creencia específica. Nada de lo que escribiré aquí es una verdad absoluta ni pretendo que lo sea, es tan solo la forma en que yo lo experimento, por lo que son bienvenidas las discrepancias y estoy abierto a conversarlo. Dicho esto, vuelvo al tema de Dios. La pregunta acerca de si Dios un concepto, una creencia o una realidad ha estado siempre presente en mi vida. Vengo de una familia en la que la palabra «Dios» nunca se mencionaba, por lo que no tuve una educación religiosa ni un entorno social que me influenciara en ese sentido. A pesar de ello, desde mi adolescencia siempre creí en la idea de que ese ser al que el mundo llama Dios debía ser una energía superior, una fuerza benévola y amorosa que otorgaba orden a todas las cosas. Quizá por eso nunca me sentí identificado con versiones de un Dios castigador, que condena por desobediencia o acciones pecaminosas. Fue en el año 1998 cuando entré en contacto con el conocimiento del raja yoga, y tan pronto comencé a estudiarlo, tuve la experiencia que describo al comienzo de este capítulo y que cambió mi vida por completo. Me sentí pleno, consciente y completamente en paz. Como si esa verdad hubiera estado siempre oculta dentro de mí, esperando emerger como un fruto maduro de mi meditación. Al reconocerme a mí mismo como un alma, como una energía consciente, en esa experiencia, se abrió ante mí la puerta a la experiencia de lo divino. **Descubrí que existe un ser único en el universo, que está más allá de todo deseo o necesidad**. Así como el sol irradia su luz de forma constante e incondicional, sin elegir a quién ilumina, de la misma forma, existe un ser espiritual que emana su luz en forma de amor hacia toda la humanidad, y que es recordado con diferentes nombres, como Dios, Alá, Jheová, Shiva, el Padre, el Alma Suprema, la Fuente, el Universo, entre otros. A mí me gusta llamarlo cariñosamente «Baba» que significa «papito» en el idioma Hindi de la India.

Una vez que tomamos conciencia de nosotros mismos como almas y comenzamos a experimentarnos como seres de luz en lugar de solo cuerpos, surge en nosotros la comprensión de que los seres humanos, más allá de nuestras diferencias físicas, somos una familia, una familia de seres, de hermanos y hermanas. **Así como cada persona tiene padres terrenales o físicos, cada alma pertenece a un padre o madre espiritual, a quien llamamos Dios.**

La meditación es una de las mejores herramientas para conectarnos con esa fuente divina y liberar a la mente de sus limitaciones físicas y debilidades, y despertar sus virtudes inherentes, devolviéndole su poder original.

Como decía uno de mis profesores en la India: «Durante la meditación, la mente suelta los hilos de lo limitado, vuela como un pájaro y se conecta con Dios». Esta conexión llena el alma con una fuerza espiritual que la mantiene constantemente positiva, liberándola de la dualidad limitada del ego y del «mío». Es una conexión que se da en silencio, como una conversación de corazón a corazón con el alma más pura del universo, con el océano del amor y de la paz. ¿Te imaginas mantener una conversación de corazón a corazón, cada mañana, con Dios? ¿Cómo sería tu día a día?

4. Quién es Dios

Permíteme usar un toque de humor para compartir contigo cómo imagino a Dios. En una de mis singulares experiencias con Él, me atreví a tomarle una foto, y aquí te la comparto.

FOTOGRAFÍA DE BRAHMA KUMARIS

Existen diferentes perspectivas sobre la existencia y naturaleza de Dios. Algunos afirman que Dios está presente en todas partes, mientras que otros sostienen que no está en ninguna parte. Algunos creen que Dios creó el universo, mientras que otros atribuyen su origen a una explosión o *big bang*. Hay quienes consideran que Dios trasciende toda comprensión y otros piensan que nos habla a través de las escrituras. Algunos incluso proclaman que ellos mismos son dioses y exigen adoración, mientras que otros consideran que la idea de Dios es una ilusión nacida de la necesidad humana. También hay quienes sostienen que Dios representa únicamente la bondad, mientras que otros reconocen su faceta demoníaca, entre muchas otras opiniones.

La diversidad de teorías y creencias sobre Dios, desde mi perspectiva, solo genera más confusión. En las religiones politeístas se considera que hay un Dios que se encuentra por

encima de los demás, mientras que en las religiones monoteístas se cree en un único ser supremo. La mayoría de las tradiciones, textos sagrados y rituales de todo el mundo señalan
la existencia y la creencia en un ser sabio, todopoderoso y
misericordioso. Este ser es universalmente reconocido como
aquel que alivia el sufrimiento, da felicidad y perdona los pe-
cados o las malas acciones. Sin embargo, más allá de todas
estas creencias, la única respuesta verdadera para mí o para ti
será nuestra propia experiencia o nuestro propio sentir. Será
nuestra vivencia o relación personal lo que nos dará la respuesta que buscamos. En mi caso, aprendí a relacionarme con
El cada día, en una relación mutua de ida y vuelta. ¿Quieres
que te cuente cómo lo hago?

5. Cómo establecer una relación con Dios

Comencemos por explorar cómo podemos establecer relaciones saludables con otras personas. ¿Cuál sería el primer
paso?

El primer paso es conocer a la persona y entablar una conversación respetuosa de igual a igual. Debemos conocer quién
es, dónde vive, qué hace, de dónde viene, qué cualidades tiene, qué piensa y cómo es su forma de ser. Además, si buscamos que la relación sea duradera y genuina, es importante ir
más allá de las etiquetas como género o religión que podrían
entorpecer la interacción.

Una manera, como vimos en la lección 2, es soltar la identificación física para ir más allá de las características corporales

y considerarnos seres o almas, es decir, en vez de ver al otro solamente como un cuerpo, verlo como un alma, yendo más allá de sus acciones y posesiones, reconociéndolo como un ser humano igual que nosotros. Desde esta perspectiva, seguramente encontremos muchas más cosas que nos unen que las que nos separan. Una relación de esta naturaleza se basa en la igualdad y fluye con una energía pura, humilde y llena de amor, sin permitir que el ego interfiera.

Además, una relación sana debe basarse en la valoración del otro y en tener un sentimiento de afinidad, respeto y amor, sin egoísmo, desconfianza o temor. En esta relación se establece un compartir de amor mutuo donde ambos se cuidan y donde cada encuentro se multiplica en significado. Es una relación que se basa en la libertad, en la que nada se fuerza ni se impone, y todo ocurre con naturalidad. No hay reclamos, exigencias, dependencias ni expectativas.

Entonces, si lo que deseamos es relacionarnos con Dios, todo lo anterior aplica. Es decir, primero debemos conocerlo y saber cuál es su forma, dónde vive, qué piensa, qué siente, sus cualidades, etc. Como ilustra la foto, Dios no tiene un cuerpo y su forma es la de un punto de energía consciente, similar a la forma de un alma, es decir, similar a tu forma y a la mía. No es casual que la forma del padre sea la misma que la del hijo; de hecho, es esperable, ya que como dicen algunas escrituras estamos hechos a su imagen y semejanza. Cuando tenemos una forma de referencia, como en este caso, es más fácil establecer una conexión mental y mantener una relación significativa.

No debemos solo pensar en Dios,
Debemos encontrarnos con Él.
Pensar crea la teología,
concentrarse crea una relación.
Solo la relación crea la experiencia.

ANTHONY STRANO

6. La conexión entre el alma y el Alma Suprema

Según el conocimiento del raja yoga, de Brahma Kumaris, Dios es un alma, un ser consciente, que piensa, siente y nos conoce. Por lo tanto, una vez que comprendemos y aceptamos su forma, podemos crear esa imagen en nuestra mente y establecer una conexión con Él. Al conectarnos con Él, Él también se conecta con nosotros, y así comenzamos a experimentar los frutos de esa relación, que son la paz, la pureza, el amor, la verdad, el poder, la dicha, el equilibrio y la libertad.

Entonces, si aceptamos la idea que Dios no tiene cuerpo y es un punto de luz, nosotros tenemos que volvernos eso mismo, para conectar con Él. No podemos conectar con un alma, si nos consideramos un cuerpo. Debemos soltar la conciencia corporal y considerarnos almas, igual que Él. Tan pronto nos estabilizamos en esta conciencia, se establece la conexión. Luego, Él nos corresponde en esa relación, porque es la relación de un padre o una madre con su hijo. ¿A qué padre no le gustaría tener una buena relación con sus hijos? Puede que algunos de ustedes piensen que no se lo merecen o que no están preparados, pero no importa cuánto una nube oscura pueda tapar la luz del sol o cuantas cosas negativas puedan sentir en su interior, aún así pueden tener una línea directa con el Supremo. Esta conexión directa es tan poderosa que toda oscuridad se disipa. Tan pronto como encendemos esa luz, al mismo tiempo nos tornamos un faro para los demás. Y cuando estamos absortos en esa conexión de amor, todas las tareas difíciles se tornan fáciles, porque ya no estamos solos, ahora somos dos. **Cuando consideramos al padre nuestro socio o compañero de tareas, todo es fácil.** Un padre se ofrece a los hijos todo el tiempo, De modo que si sientes alguna preocupación en tu vida, o que algo está nublando tu mente o apretando tu corazón, tan solo dile al padre y en ese instante tu corazón se va a aliviar.

Así como nos esforzamos por desarrollar una relación con un nuevo amigo mediante la comunicación, podemos establecer una conexión con Él a través de una conversación sincera de corazón a corazón, que en realidad no es otra cosa que la práctica de la meditación.

El secreto es comenzar por vernos como iguales, como almas que se aman y se extrañan y quieren establecer una relación de amor. Si nos consideramos inferiores o nos menospreciamos, nunca lograremos esa unión; sin embargo, si nos vemos a nosotros mismos como iguales, como almas, podremos verlo también a Él como un alma, como nuestro padre o madre espiritual o como el Alma Suprema.

Para concluir esta idea, al igual que cualquier buen padre, Dios nos ama, nos conoce y anhela más que nadie escucharnos y saber de nosotros. Por lo tanto, si deseamos mantener una relación recíproca con Él, debemos ser sinceros al compartir nuestros pensamientos y estar dispuestos a escuchar Su verdad.

A continuación te comparto un gráfico acerca de cómo establecer la conexión y relación divina.

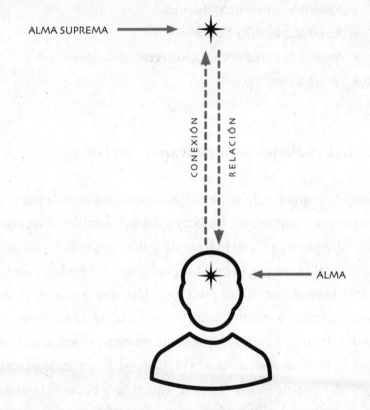

El amor es la fuerza más poderosa que existe y puede llevarnos hacia lo más alto y lo más ilimitado. El amor es el vehículo que nos conecta con el Océano de Amor, que es uno de los nombres que más me gustan de Dios. El amor verdadero nos vuelve livianos y nos permite la apreciación de nosotros mismos y de los demás. Amarnos a nosotros mismos comienza con autoaceptación, que significa conocer nuestras cualidades y debilidades sin culparnos, sin sabotearnos ni juzgarnos. El amor verdadero ama en las cuatro direcciones sin condiciones:

- Amarnos a nosotros mismos.
- Amar a la familia humana.
- Amar a la naturaleza y a los seres vivientes.
- Amar a Dios.

7. Los beneficios de la conexión con Dios

Imagínate que no debe de haber deseo más grande para un ser humano con fe que conocer a Dios y establecer un contacto directo con Él. Al lograr esta conexión, o dicho de otra manera, al tener yoga con Dios, la fuente del poder, nuestra mente también se vuelve poderosa. La experiencia con Dios es comparable a sentir el calor reconfortante de un fuego en medio del frío. Es un ser que siempre está presente, incluso cuando no lo necesitamos o lo olvidamos. En esta unión sutil, nuestros órganos y sentidos se aquietan y encuentran paz. Es como cuando éramos niños y enfrentábamos situaciones difíciles, y tomábamos la mano de nuestro padre o madre para sentirnos más seguros y acompañados. De manera similar, al tomar la mano de la fuente divina, nos volvemos conscientes de que no estamos solos. Cuando nutrimos nuestra mente con pensamientos ilimitados, encontramos una doble fuerza en cada acción. Al confiarle a Dios nuestras responsabilidades y cargas, nos volvemos más livianos.

En esta conexión espiritual, nuestra mente encuentra una calma que proviene de dejar de buscar paz, amor o felicidad en cosas limitadas. En cambio, nos nutrimos de una fuente ilimitada que nunca se agota. Sentimos una profunda pertenencia a este padre o madre espiritual, y encontramos consuelo, fortaleza y un abrazo sutil y amoroso de alguien que nos ama incondicionalmente, sin importar nuestros pensamientos, palabras, apariencia física o mental. El alma se llena de amor verdadero y nos damos cuenta de que somos amados de manera absoluta por Él, lo que nos genera seguridad y confianza en nosotros mismos. Además, en esta relación con lo divino, encontramos un propósito significativo y una guía para nuestro camino en la vida. Nos inspira a vivir desde un lugar de amor, compasión y servicio hacia los demás, al entender que todos somos hijos de una misma fuente divina. Emerge el sentimiento de estar sostenidos por una presencia superior que nos ayuda a afrontar los desafíos con coraje y resiliencia.

Mientras estamos llenos de este amor ilimitado, experimentamos una mayor capacidad para amar y perdonar a los demás, liberándonos del resentimiento y la negatividad. Esta conexión profunda nos permite ser más compasivos y comprensivos con nosotros mismos y con los demás, lo que genera relaciones más armoniosas y significativas. Sin embargo, recuerda que esta relación con Dios es única y personal para cada individuo, y se manifiesta de diversas formas según las creencias y experiencias espirituales de cada uno. Ojalá a ti te pase como me paso a mí que, al abrir mi corazón a esta conexión espiritual, encontré un refugio de amor y sabiduría que me acompaña en cada paso de mi viaje por la vida.

Mi relación con Dios

La relación con Dios ha transformado todas mis interacciones y relaciones físicas. Saber que existe un ser, un océano de paz y amor que me conoce y me ama incondicionalmente, ha dado un giro completo al sentido de mi existencia y ha traído tranquilidad a mi corazón. Ya no me apuro ni busco desesperadamente un propósito en la vida, pues mi búsqueda de felicidad y paz terminó. ¿Pueden imaginar el alivio que esto supone?

Imagina tener la certeza de que hay alguien más allá de este mundo, el mismísimo Creador, quien te conoce mejor que nadie, siempre estará a tu lado cuando necesites su compañía. Imagina contar con alguien que siempre te escucha sin juzgarte ni castigarte cada vez que diriges tus palabras hacia Él. Tener la fe en que hay alguien disponible para ayudarte ante cualquier dificultad, no para resolver tus problemas, porque esa no es su tarea, sino como una fuente constante de coraje y fortaleza.

Con una fe firme, Dios se ha convertido en mi compañero para cada decisión que debo tomar, mi amigo que me acompaña en todas mis aventuras, mi padre que siempre me aconseja y mi madre espiritual que me brinda consuelo cuando más lo necesito. Con el tiempo, Dios se ha convertido en la fuente de todas mis relaciones, aliviando las expectativas que solía tener sobre mi familia, amigos, pareja y colegas.

Finalmente, pero no menos importante, la relación con Dios me ha dado confianza, ya que sé que Él confía en mí, sin importar lo que piensen otras personas. Él me ha prometido que por cada paso de coraje que yo dé, Él me proporcionará cientos de pasos de ayuda. Dios no va a vivir mi vida por mí ni es su tarea liberarme de mis responsabilidades. En cambio, Él me ha recordado que no necesito pedirle nada, porque ya lo tengo todo. Me ha enseñado a reclamar mi propio poder, el que siempre ha estado en mí. Él me reveló el secreto para tenerlo siempre junto a mí: «Cuando tú me necesites, simplemente considérate un alma y recuérdame a mí». Con eso basta, así Él se hará presente al instante para acompañarme, cuidarme, enseñarme y guiarme en mi proceso de autotransformación.

Ejercicio

Cuando te ocurra que te sientes abrumado, sobrepasado o solo, recuerda que no lo estás.

- Cierra tus ojos y entra en el silencio.
- Guía tu mente hacia el más allá, hacia lo ilimitado.
- Conecta con el amor incondicional de Dios, con el amor puro.
- Las preocupaciones se desvanecen y solo hay amor y paz.

8. Meditación guiada | El encuentro con Dios
(duración aproximada 25 minutos)*

Encuentra un lugar tranquilo y cómodo donde puedas relajarte. Puedes sentarte o acostarte boca arriba, como tú prefieras. Relaja tu cuerpo y suelta cualquier esfuerzo físico que estés haciendo ahora. Suelta el pasado y el futuro. Ubícate en el momento presente. Si prefieres, puedes cerrar suavemente tus ojos, o bien descansar tu mirada en un punto fijo que no te distraiga.

Ahora, comienza a llevar tu atención a tu respiración. Vuélvete consciente de tu inhalación y de tu exhalación. Permanece unos instantes atento a ese proceso. Inhala y exhala lenta y profundamente por la nariz. Siente cómo al inhalar el aire entra en tu cuerpo, llenándote de vida, y cómo al exhalar, dejas ir cualquier tensión o preocupación.

Ahora, dirige lentamente tu atención hacia el centro de tu frente. Imagina una pequeña estrella brillando allí, como un punto de luz.

Esta es la luz de tu conciencia.

Toma conciencia de esa pequeña luz. Eres un ser consciente, una entidad de pura luz y energía.

Repite en tu interior: «Soy un ser consciente, soy energía consciente, soy luz, soy mucho más que mi imagen física».

Siente la energía en el centro de tu frente, la energía del alma, la energía de tu luz interior.

Ahora, prepárate para viajar con tu mente. Imagina que eres

---

* Puedes escuchar el audio de esta meditación escaneando el primer código QR que aparece en el libro.

una pequeña estrella de luz que trasciende los límites de tu cuerpo. Imagina que te elevas y viajas más allá de tu ciudad y más allá de las nubes. Como si flotaras y te elevaras yendo más allá de la luna y el sol, hasta los confines del universo.

Te encuentras en un mundo de luz, un mundo de silencio y quietud absoluta. Eres una estrella de luz suspendida en un océano de luz infinito.

Siente la paz, la tranquilidad, la serenidad de este lugar. Eres simplemente una estrella de luz consciente.

En este mundo de luz, sientes la presencia de otra estrella diferente a todas las demás. Es una estrella que irradia amor, compasión y silencio. Es el ser supremo, invisible a nuestros ojos pero visible al ojo del alma.

Sientes que este ser supremo te ofrece su energía de forma generosa y altruista. Y tú solo absorbes esta energía.

Abres tu mente y tu corazón y absorbes la luz divina. Tu mente y tu corazón se llenan de paz.

Al absorber esta luz, tu nivel de conciencia se eleva. La luz disipa la oscuridad en tu corazón, elimina el sufrimiento en tu mente y te libera de todas las preocupaciones.

No necesitas hacer nada más que abrirte a esta experiencia.

Estas en la mejor compañía, junto al Océano del Amor.

Puedes sentir los rayos de su amor sobre ti. Te llenas de amor. Sientes que ambos brillan.

Permaneces en su compañía, en silencio. Compartiendo y recibiendo amor.

Ahora, visualiza la Tierra desde esta dimensión. Es una hermosa perla azul en el universo. Envía tu luz, la luz que has absorbido, al mundo.

Tu luz disipa la oscuridad del mundo, trae esperanza y alivia el sufrimiento.

Te conviertes en un instrumento para transmitir paz al mundo entero. Para transmitir la luz del ser supremo, una luz que transforma, que renueva.

Prepárate para comenzar tu viaje de regreso a tu lugar físico. Vuelve a sentir la energía en el centro de tu frente y conecta nuevamente con tu respiración.

Poco a poco, regresa a la conciencia de tu cuerpo y del lugar en el que te encuentras, llevando contigo la experiencia de la luz interior.

Mantén esta conexión con tu interior, viaja al mundo de la luz y comparte esa luz con el mundo siempre que lo desees.

La luz que das es la luz que recibes. Cuanto más compartes, más acumulas.

Abre los ojos cuando estés listo, llevando contigo la paz y la luz que has encontrado en tu interior.

Durante el día, comparte esta luz con todos quienes te rodean.

Conclusión final

Para concluir este libro, quiero expresarte mi agradecimiento por invertir tu tiempo y energía en este viaje de autoreflexión. A lo largo de los capítulos, he compartido las lecciones que han impactado positivamente mi vida. Ahora, te invito a seguir tu propio camino, ya que lo que no emprendas por ti mismo quedará sin hacer por la eternidad. Entonces, pregúntate: ¿cuáles lecciones han transformado mi vida? Haz una lista y explora cómo se conectan con tu bienestar. Estoy seguro de que te sorprenderás. Te deseo un viaje lleno de aprendizaje y experiencias enriquecedoras, y que la vida no transcurra sin que tú hayas decidido cómo quieres que sea. ¡Toma las riendas! Se tú mismo el protagonista de tu destino y no dejes que transcurra otro día sin que sea extraordinario!

Bibliografía

Baumeister, Roy F. y Tierney, John (2011): *Willpower: Why Self-Control is the Secret of Success*, Londres, Penguin Books.

George, Mike (2011): *Los 7 mitos del verdadero amor*, Buenos Aires, Kier.

— (2004): *In the Light of Meditation*, Londres, O Books.

Masuno, Shunmyo (2020): *El arte de vivir con sencillez*, Buenos Aires, Urano.

Raij, Silvio (2014): *Full Stop. Hacer una pausa puede cambiarnos la vida*, Buenos Aires, Paidós.

AGRADECIMIENTOS

Me gustaría expresar mi profundo agradecimiento a mi esposa Natalia, por su inquebrantable apoyo y motivación. Especialmente en esos momentos en los que me quedo sin ideas y me siento perdido en medio de la escritura, su constante respaldo y sus sugerencias creativas han sido invaluables.

Asimismo, quiero hacer una mención especial a mi querida perrita Lola. Cada vez que me siento a escribir, ella se acurruca a mi lado y permanece en silencio, acompañándome hasta que termino. Su presencia tranquila y leal ha sido una fuente constante de inspiración. También quiero expresar mi gratitud a mi amiga y compañera de camino, Jimena Velázquez, por ser una inspiración para algunos ejemplos de este libro y también por brindarme la oportunidad de recorrer juntos el camino de la autorrealización.

Deseo expresar mi sincero agradecimiento a la Universidad Espiritual Mundial Brahma Kumaris, por las invalorables enseñanzas que he recibido a lo largo de estos años de mi búsqueda espiritual. Las lecciones y la guía que he obtenido de esta universidad han dejado una huella profunda en mi vida, impulsando mi crecimiento espiritual y proporcionándome valiosas herramientas para comprenderme mejor a mí mismo y al mundo que me rodea.

También, quiero extender mi gratitud a todos los instructores y compañeros de camino en la práctica del *mindfulness*, quienes han sido una parte esencial de mi viaje hacia el desarrollo personal y la plenitud. A todos los que han compartido este viaje conmigo, su apoyo, sabiduría y amistad han sido un regalo invaluable. Espero continuar creciendo y aprendiendo juntos en este viaje espiritual y de autoexploración. Gracias de todo corazón.

Además, quiero expresar mi gratitud a la editorial Paidós y a todo el equipo de Planeta Argentina. Su apoyo ha sido fundamental en mi camino como escritor, y estoy profundamente agradecido por la oportunidad de trabajar con ellos.

Por último, pero no menos importante, quiero dedicar un profundo agradecimiento a todos mis queridos lectores. Vuestra elección de leerme y acompañarme en este viaje literario es el mayor regalo que un autor puede recibir. Cada página que han recorrido es un vínculo que compartimos, una conexión que trasciende el papel. Sin su apoyo, mis palabras no tendrían el mismo significado. Este libro es tanto suyo como mío, y espero que hayan disfrutado del viaje tanto como yo al crearlo. Gracias, por ser parte de mi historia y por permitirme ser parte de la suya.